우리반
연극수업
어떻게 할까?

우리 반 연극수업 어떻게 할까?

남상오, 오현아, 이동석 지음

북멘토

새로운 즐거움으로 가득한 연극 수업

2015 개정 교육과정에서 '연극'이 처음으로 정식 교과로 도입되었다. 초·중학교는 국어 교과목에 체험 중심의 연극 단원이 도입되고 고등학교는 일반 선택과목 중 예술 영역에 '연극' 과목이 신설된다. 초등학교는 5학년 2학기와 6학년 1학기, 2학기에 걸쳐 연극 단원이 도입된다. 초·중·고 학교교육과정 전반에 걸쳐 인문학적 기초 소양을 기르는 체험을 확대하고자 하는 뜻이다.

교육과정의 변화에 따라 '연극'은 선택이 아닌 필수가 되었고 모든 교사와 아이들은 연극을 경험하게 되었다. 교과서에 연극 단원이 도입된 것은 환영할 만한 일이다. 아이들이 즐거워하고, 그 즐거움 속에서 새로운 경험을 하는 연극이 학교에 도입되는 것을 어찌 환영하지 않을 수 있을까! 그런데 무작정 기뻐할 수만은 없다. 교과서에 연극 단원이 도입되었다고 해서 모든 교사들이 연극을 할 수 있는 건 아니니까.

주변에서 아이들과 연극 수업을 하는 선생님을 쉽게 볼 수 없다. 학예회나 학교 행사에서는 연극보다는 춤, 연주, 노래가 자주 등장한다. 연극하는 선생님을 쉽게 찾아볼 수 없는 이유는 학교에서 아이들과 함께하기 어렵다고 생각하기 때문이다.

- 연극을 한 번도 해본 적이 없는데 어떻게 지도하지?
- 발표도 잘 못하는 아이들이 있는데, 그런 아이들을 데리고 어떻게 연극을 하지?
- 연극하기에 좋은 극본은 어디서 구해?
- 연기 지도는 또 어떻게 해?
- 연극 공연 준비하느라 들뜬 교실 분위기는 어떻게 통제하지?
- 나도 무대공포증이 있는데 애들을 어떻게 무대에 올려?

선생님들의 끊이지 않는 고민에 이렇게 대답하곤 했다.

"괜찮아요. 그냥 재미있게 하시면 돼요."
"그냥 한번 해 보세요. 뭐, 어떻게든 됩니다."

조금은 무책임하게 들릴 수 있지만 이건 진심에서 나온 대답이다. 이

진심 어린 대답이 설득력 없어 보이는 까닭은 무엇일까? 너무 막연하여 쉽게 와닿지 않기 때문은 아닐까? 그렇다면 구체적으로 연극 만들기 과정을 보여주면 어떨까? 계획을 세우고 극본을 선정하고 역할을 나누고 연습해서 공연했던 과정을 보여주면 도움이 되지 않을까?

책을 쓰기로 결심한 데는 학급에서 아이들과 연극 만들기 과정을 보여주는 책이 시중에 없다는 점도 작용했다. 대학교 도서관에 초등학교 연극 만들기 과정을 보여주는 학위 논문이 있지만 전공자가 아니면 읽기가 쉽지 않다. 그리고 전문 연기자를 훈련시키기 위한 책, 일반인을 위한 연기 입문서, 중·고등학교 연극 동아리 운영 사례를 다룬 책은 있지만 '초등학교 담임교사가 학급 아이들과 만든 연극'에 대한 책은 없다. 그런 면에서 세 명의 교사가 모여 책을 쓰면 충분히 의미 있는 작업이 될 것이라 생각했다.

이 책은 세 명의 초등학교 교사가 학급 아이들과 연극 만들기를 했던 과정을 담았다. 온작품 읽기를 하며 읽었던 단편 동화를 극본으로 바꾸어 연극을 만들었고(갈래 바꾸기), 1학기에 있었던 일들 가운데 아이들의 경험을 극본으로 만들어 연극을 올렸고(창작하기), 창작한 극본을 중심으로 학생들과 함께 각색하여 연극을 만들었다(각색하기).

우리는 책을 쓰기로 결정한 후 서로의 연극(수업 계획)을 나누었고 조언을 듣기도 했다. 각자의 작업을 체계적으로 정리하기 위해 의견을 나누기도 했다. 오랜 시간 이야기하고 머리를 맞대어 고민한 끝에 각자의 방식대로 정리하기로 했다. 그래서 세 교사의 방식은 저마다 색깔이 다르다. 그때마다 우리는 서로의 글에서 서로의 얼굴이 보인다며 웃곤 했다.

마지막으로 "연극이 너무 재밌어요. 연극 시간이 기다려져요. 또 하고 싶어요." 하며 밝은 모습으로 활동에 참여한 제자들에게 고맙다는 인사를 전하고 싶다. 또한, 교실 연극을 통해 인문학적 소양과 극적 경험을 얻고자 하는 수많은 선생님에게 용기와 영감을 제공하는 연극 수업 지침서가 되기를 바란다.

남상오, 오현아, 이동석

차례

4장 미완성 극본으로 연극 만들기

1장

우리 반 연극 수업
어떻게 시작할까?

누구나 할 수 있는
교실 연극

많은 교사들이 연극 수업의 의미나 가치는 잘 알고 있으나, 쉽게 엄두를 내지 못하는 게 현실이다. 교사라면 누구나 부담 없이 연극 수업을 시도하기 바라는 마음에서 공연을 무대에 올리기까지의 과정을 간략히 소개한다. 연극을 시작하기 전에 교사는 몇 가지 선택을 해야 하는데, 이에 따라 연극의 성격과 준비 과정이 달라진다.

1. 공연 장소와 공연 시간

가장 먼저 공연 장소와 시간을 선택해야 한다. 공연 장소가 교실이냐, 시청각실이냐, 강당이냐에 따라 준비 과정이 달라지기 때문이다. 강당처럼 넓은 곳에서 공연을 하면 기계 상황(무대, 마이크, 스피커, 앰프, 조명, 객석)이 공연에 가장 큰 영향을 준다. 기계적인 문제를 교사가 해결하기란 쉽지 않아 반드시 전문가의 도움이 필요하다.

공연 시간에 따라서도 준비가 달라지는데, 전국어린이연극경연대회처럼 정식 공연 형식을 갖춘 경우는 30분 정도가 필요하다. 이 정도의 공연은 한 달에서 두 달, 30차시 분량의 준비 기간을 거친다. 학교에서 이 정도 공연을 올리는 건 매우 드문 일이다. 어쨌든 교사는 공연 시간을 5분으로 할지 10분으로 할지 20분으로 할지를 정해야 한다.

2. 공연 형식

공연 장소와 시간을 정했다면 그다음에는 공연 형식을 선택한다.

- 무대에서 극본을 읽는 낭독극으로 할 것인가?
- 대사를 사전에 녹음한 더빙극으로 할 것인가?
- 무선마이크를 착용하고 공연할 것인가?
- 한 편의 연극을 할 것인가, 옴니버스 방식으로 여러 편을 할 것인가?

아이들의 요구, 나의 희망, 학교의 상황을 고려하여 판단해야 하므로 선택이 쉽지는 않다. 만일 학급에서 아이들과 처음 연극을 한다면 10분 이내의 공연을 교실에서 올리는 형식을 추천하고 싶다. 관객은 옆 반(20~30명 정도) 친구들이 가장 편하다.

공연 장소, 공연 시간, 관객 수가 정해졌다면 그다음으로 극본, 역할, 캐스팅, 연습, 리허설, 공연, 평가 단계를 거쳐야 한다. 순서대로 하나씩 설명하지만 모든 내용을 다 실행해야 하는 것은 아니다.

3. 극본

(1) 기존 극본

기존 극본이 학급 상황에 적합한 경우는 거의 없다. 기존 극본은 교사가 생각하는 '배역의 수, 공연 시간, 주제'와 다른 경우가 많기 때문이다. 학급 상황에 맞게 극본을 수정하는 과정을 거쳐야 한다.

- 인물의 주변인을 추가하기나 성별을 바꾼다(친구를 1명에서 3명으로, 엄마를 아빠로 바꾼다.).
- 과거 또는 미래의 일을 추론하여 장면을 추가하거나 불필요하다고 생각하는 장면을 삭제한다.

Q 초등학교에서 공연할 만한 극본집이 있나요?

A 초등학교에서 공연할 만한 극본집은 많지 않습니다. 그럼에도 몇 개를 소개하면 단편으로는 『창의 · 인성 · 감성을 키우는 이야기 교실 연극』, 『교육연극 아동극집』, 『옛이야기 희곡집』, 『우리나라 아동극 선집 3: 팥죽할머니』가 있고, 장편으로는 『학교야 연극하자』, 『삐삐는 언제나 마음대로야』, 『외톨이 보쎄와 미오 왕자』가 있습니다.

(2) 공동창작

- 공동창작을 하더라도 대표 집필자가 필요하다. 대표 집필자는 대략 완성된 초고를 편집하거나 추가 내용을 정리한다.
- 경험을 나누고 그것을 재연하는 방식으로 이야기를 창작할 수 있다.

- '길을 잃은 콩쥐팥쥐가 심청이를 만나 아빠의 눈을 뜨게 하려고 겪는 모험' 같은 패러디도 가능하다.
- 대사는 가능한 외우기 쉽게 짧게 만든다. 대부분 한 줄이 좋다.
- A4 한 장에 공연 시간은 2분 정도 필요하다(10분 공연 A4 5장).

Q 아이들이 만든 이야기가 너무 황당해서 도저히 공연으로 올릴 수 없어요. 어떻게 하죠?

A 아이들과 하는 공동창작은 막장으로 흐르는 경우가 많습니다. 조건을 제시하거나(예 죽거나 부활 없음 또는 범죄가 일어나면 안 됨.) 첫 장면과 마지막 장면을 정한 후에 중간 장면을 만들게 합니다. 마지막 장면을 교사가 정해줄 수도 있습니다.

(3) 갈래 바꾸어 쓰기(동화, 시를 희곡으로)

먼저 각색할 동화를 선택한다. 이때 학년 수준과 공연 시간을 염두에 두어야 하는데, 등장인물 수가 적절한지, 구름 위, 지하 동굴, 외계 행성, 바다 같은 배경 표현이 가능한지 고려한다.

연극에 처음 도전하는 교사라면 인물의 성격과 내용이 단순한 옛이야기를 권한다. 옛이야기는 교사가 혼자 바꿔 쓰거나 분량을 나누어 아이들과 함께 쓸 수도 있다. 다음 순서를 따르면 어렵지 않게 할 수 있다.

① 작품에서 중요한 장면을 선정하고 선정된 장면을 이어서 극본을 만든다.

② 완성된 초고를 모두 모은다. 편집은 하지 않아도 되지만 하나로 모아서 출력한 후에 함께 읽으며 완성본을 만든다.

③ 공연 시간에 적합한지, 공연 장소에 맞는지, 연극으로 표현이 가능한지 등을 고려하며 극본을 수정한다.

4. 역할 나누기

역할 나누기는 캐스팅과 다르다. 캐스팅은 배우들이 어떤 역할을 할 것인지 정하는 것이고, 역할 나누기는 연극에 필요한 여러 가지 일을 나누는 것이다. 연극에 필요한 역할은 '제작, 예술 감독, 연출, 배우, 스태프, 홍보, 진행'으로 나눌 수 있으나 교실 연극에서는 '연출, 배우, 스태프'로만 구분해도 충분하다. 교실 연극은 학생의 기호를 적극 수용해서 역할을 나누어야 한다. 즉, '무엇을 잘하는가'보다는 '무엇을 하고 싶은가'에 따라 역할을 나눈다.

물론, 모든 아이가 배우도 하고 스태프도 하는 방식으로 공연을 만들 수도 있다. '나만 하는 게 아니라 우리 모두가 해야 한다.'라고 한다면 무대에 서는 것을 꺼려하던 아이도 용기를 내게 된다. 거기에 친구들도 함께 하자고 부탁한다면 거절하기가 쉽지 않다.

- **연출**: 대부분 교사가 한다. 아이들을 잘 이끌고 통합하는 리더십이 있는 학생이 할 수도 있다.
- **배우**: 아이들 전체의 의견을 반영한다. 할 수 있다면 모든 아이가 배역을 맡게 한다. 배역이 없다면 작고 사소한 역할이라도 만들어서

맡긴다. 옆에 서 있다가 딱 한마디 "야!"만 외치고 퇴장할 수도 있다. 대사 없이 무대에 등장할 수도 있다. 배우에게 반드시 대사가 있어야 하는 것은 아니다.

• **스태프**: 무대, 소품, 의상, 분장, 음향, 조명, 팜플렛, 포스터, 무대 전환수 등의 역할이 있지만 반드시 다 있어야 연극을 올릴 수 있는 건 아니다. 공연 상황과 아이들의 희망에 따라 적절히 조율한다.

Q 무대를 사실적으로 만들 수 없다면 어떻게 해야 하나요?

A 몇 가지 방법이 있습니다. 첫째, '해설로 설명하기'입니다. 예 선우는 텅 빈 운동장 가운데 혼자 서 있었어요. 둘째, '상징물로 대체하기'입니다. 예 푸른 천으로 파도 표현하기. 셋째, '배우의 대사로 처리하기'입니다. 예 윤우: 여기 시장은 물건이 굉장히 많네!

5. 캐스팅하기

(1) 오디션

• 사전에 캐스팅을 고지하고 오디션을 본다.

• 교사가 혼자 결정하거나 아이들의 투표로 결정할 수 있다. 둘 다 장단점은 있다. 교사가 캐스팅을 하면 진행이 신속하다. 교사는 캐스팅을 하기 전 아이들의 요구나 희망사항을 듣지만 모든 아이의 요구를 들어줄 수는 없다. 아이들의 투표로 진행하면 교사가 혼자 고민하지 않아도 되는 장점이 있다. 하지만 캐스팅이 인기투

표가 될 우려가 생긴다. 교사는 아이들이 역할에 맞는 캐스팅을 하도록 사전에 교육하고 캐스팅이 원활히 진행되는지 유심히 관찰해야 한다.

(2) 희망 역할 맡기

- 배역을 칠판에 적고 배우 희망자들에게 원하는 것을 고르게 한다.
- 하나의 배역을 2명이 선택하면 누가 양보할 것인지 이야기한다.
- 아무도 하지 않겠다는 배역은 교사가 나서서 홍보하여 참여를 유도한다.
- 희망하지 않는 인물을 없애고 새로운 인물을 만든다(예 엄마 → 아빠).

Q 캐스팅이 너무 어려워요. 아이들이 상처받으면 어쩌죠?

A 안타깝지만 모두의 희망을 들어줄 수는 없습니다. 누군가는 양보해야 합니다. 원하는 것을 하지 못해서 실망하기도 하지만 중요한 것은 연극이 끝났을 때 마음입니다. 내키지 않는 역할을 맡았어도 연극을 마치고 스스로 만족하도록 도와주는 것이 중요합니다.

(3) 스태프

- **소품**: 공연에 필요한 것을 구하거나 만드는 역할이다. 때론 직접 무대에 나가 소품이 된다. 예 아이들이 직접 말, 의자, 나무 등을 표현한다.
- **의상**: 의상을 선택하고 공연 중에 배우가 의상을 갈아입도록 도와주

고 배우들의 의상을 보관한다. 공연이 끝나면 의상·소품을 정리하고 빌린 의상·소품을 돌려줘야 한다. 의상은 대부분 가정이나 학교에 있는 것을 구해 사용한다. 만일 의사 가운이 필요하다면 과학실 실험복을 쓰면 된다. 청진기가 필요하다면 장난감 청진기를 구해본다. 많은 사람이 연극을 하려면 제대로 된 의상을 갖추어야 한다고 생각한다. 그렇지만 의상을 빌리는 데 경제적인 제한이 있다면 천으로 대체하는 것도 방법이다.

- **분장**: 인물에 맞는 머리 모양, 장신구, 화장을 한다. 안경을 쓰거나 수염을 만들어 붙이기도 한다. 분장도 배역의 특징을 살릴 수 있는 고유의 영역이다. 교실 연극임을 감안하여 의상·소품팀에 포함해 구성할 수 있다.

- **음향**: 교사가 선정한 음악을 조정하거나 아이들이 직접 음악을 선택한다. 아이들이 현장에서 연주해도 좋다. 음향은 음악 선곡만큼이나 볼륨 조절이 중요하다. 분위기에 적절한 크기의 음량을 찾는 것은 생각처럼 쉽지 않다.

- **조명**: 교실에서 공연을 한다면 형광등을 껐다 켜면서 조명 효과를 준다. 강당이나 시청각실에 조명 시설이 갖추어져 있다면 좀 더 다양한 시도를 할 수 있다.

- **무대 전환수**: 장면이 바뀌면 무대 위도 바뀌어야 한다. 대부분은 배우들이 직접 무대를 전환한다. 그렇지만 무대 전환수가 무대를 옮기는 것이 더 효과적이다. 배우들의 연습이 어느 정도 진행되어 등·퇴장이 정해지면 무대 전환 연습을 시작한다.

- **홍보(팜플렛 · 포스터):** 홍보 아이디어를 내고, 홍보 문구를 짜서 실제 홍보 활동에 나선다. 영상을 제작할 수도 있다. 전체가 모여서 만들거나 일감이 떨어진 소품, 의상 담당, 무대 전환수에게 맡겨도 좋다.

Q 스태프의 종류가 너무 많고 어려워요.

A 이 책에서 제시한 모든 스태프를 반드시 활용해야 하는 것은 아닙니다. 상황에 맞게 선택하면 됩니다. 스태프를 적절히 활용하면 배우가 아닌 아이들의 참여를 넓힐 수 있습니다. 이 장점을 최대한 활용하라는 뜻입니다.

6. 연습하기

(1) 극본 읽기

- **자연스럽게 읽기:** 처음부터 감정이나 성격을 넣으려고 하면 발음이 부정확해질 수 있다. 자연스럽게 읽지도 못하는 상태에서 감정을 넣으면 발음이 더 나빠진다. 정확한 발음을 하는 것이 우선인데, 이를 위해서는 자연스럽게 또박또박 읽는 연습을 해야 한다.
- **감정이나 상황을 넣어 읽기:** 감정 표현이 서툴다면 웃으며 읽기, 화내며 읽기, 놀라며 읽기 등 다양하게 읽어본다.

(2) 연기 연습하기

- **대사보다 상황에 집중하기:** 대사를 틀릴까 봐 걱정하는 아이가 많

다. 대사는 틀려도 된다는 점을 반복하여 이야기한다. 중요한 것은 상황을 보여주는 것이다.

- **생각보다 과장되게 하기**: 대부분의 아이는 평소와 달리 무대에 서면 목소리가 작아지고 동작도 움츠러든다. 과장되게 표현하는 연습이 필요하다. 일상과 동떨어진 연기를 하라는 것이 아니라 '몸의 언어'를 적극적으로 살리라는 의미에서다.

- **상대방에게 긍정적인 반응하기**: 아이들은 연습조차 공연으로 여긴다. 그래서 주변 반응에 매우 민감하게 반응하며 자신감을 쉽게 잃는다. 그러므로 긍정적인 반응이 필요하다.

- **막대, 천, 신문 등 오브제를 이용하여 연습하기**: 이 경우 다양한 표현에 도움이 되나 연습 분위기가 산만해질 수 있으니 적절히 활용한다. 지나치게 산만해졌다면 모든 재료가 없는 상태에서 연습하는 것이 좋다. 집중할 수 있는 환경이 우선이다.

Q 아이들이 긴장을 많이 해요. 긴장을 풀어줄 방법이 있을까요?

A 무대는 아이들에게 매우 낯선 곳입니다. 낯설다는 것은 기대와 두려움을 동반하지만 아이들은 기대보다 두려움을 크게 느낍니다. 자연스럽게 걷고 말하던 아이들이 무대에 서면 바짝 긴장하여 자연스럽게 말하고 걷는 것을 잊어버립니다. 다양한 연극놀이는 긴장을 푸는 데 도움을 줍니다. 연기 연습도 되면 금상첨화겠죠.

7. 리허설하기

(1) 테크니컬 리허설

무대 위의 연기만큼 중요한 것이 등장과 퇴장을 맞추는 일이다. 등장과 퇴장이 잘못되는 순간, 아이들의 집중력이 떨어진다. 테크니컬 리허설은 등장, 음향, 퇴장, 무대 전환, 등장, 퇴장, 무대 전환을 이어서 연습하는 것이다. 순서는 다음과 같다.

① 극본 순서대로 배우들이 등장하여 자신의 위치에 선다.

② 등장이 끝나면 극본 순서대로 퇴장한다.

③ 모두 퇴장하면 무대 전환수가 나와 무대를 전환한다. 무대 전환이 끝나면 배우들이 다시 등장한다. 무대에 아무것도 없다면 무대 전환은 필요 없다.

④ 2~3회 반복한다. 익숙해질 때까지 반복하면 좋지만 상황에 따라 진행한다.

(2) 드레스 리허설

• 가급적 공연 장소에서 하는 것이 제일 좋다.

• 특별한 경우가 아니라면 중간에 끊지 않는다.

• 리허설 후 교사가 조언을 한다. 그리고 아이들끼리 안 맞는 부분을 서로 이야기하도록 한다.

• 교사는 비난하거나 다툼이 생기지 않도록 유심히 살펴보다 필요한

순간에 개입한다.

- 여유가 있다면 리허설을 반복한다.

Q 리허설이 꼭 필요한가요? 테크니컬 리허설도 하고 드레스 리허설도 반드시 해야 하나요?

A 리허설을 하면 공연에 도움이 됩니다. 그러나 상황이 여의치 않다면 무리하지 마세요. 이렇게 할 수 있다는 '정보'를 알려드리는 거니까요. 물론, 즉흥극 형식의 공연이라면 리허설은 하지 않아도 됩니다.

8. 공연하기

- **아이들 상태 확인하기**: 연극은 몸으로 하는 예술이기 때문에 몸이 가장 중요하다. 아픈 곳은 없는지, 오늘 기분은 어떤지 확인한다.
- **즐거운 마음으로 보기**: 주사위는 던져졌다. 고민은 쓸 데 없다.
- **끝까지 살펴보기**: 실수는 언제 어디서든 일어날 수 있다. 공연 중 일어난 실수는 자연스럽게 수습하면 된다. 당황하거나 감정을 조절하지 못하면 더 큰 실수를 만나게 된다.

9. 연극 평가하기

평가는 성적을 산출하기 위해 반드시 거쳐야 하는 수업 과정이다. 교사는 평가를 통해 자신이 계획하고 진행했던 교육 활동이 학생들에게 어떤 영향을 주었는지, 학생들은 어떠한 과정을 겪었는지 확인할 수 있는 유익한 정보를 얻을 수 있다.

그렇다면 연극은 어떻게 평가해야 할까? 지필평가로 평가하기는 어렵고 교사의 관찰로만 평가하려니 객관성과 신뢰성이 떨어져 보인다. 나는 연극 수업을 평가할 때 '질문'을 이용한다. 이 방식은 질문을 만들기는 어렵지만 일단 만들기만 하면 설문을 돌리고 정리하는 데 어려움이 적다. 교사의 참여관찰(성찰일지)과 학생 소감을 정리할 수도 있다. 이 방식은 단점도 있다. 교사의 주관이 지나치게 개입되어 아전인수식 해석이 될 수 있다는 한계가 있다. 이러한 문제점을 보완하기 위해 다양한 방식을 함께 사용하는 것이 좋다.

- **소감 말하기**: 교실에 모여 돌아가며 소감을 말한다.
- **소감문 쓰기**: 수업 시간에 작성하거나 과제로 내준다.
- **참여관찰**(교사의 성찰일지): 꾸준히 작성하고 기록한다.
- **인터뷰**: 설문 결과나 소감문 중에 특별히 질문하고 싶은 것이 있을 때 별도로 진행한다.
- **설문지 쓰기**

설문지 예시

1. 연극을 끝마친 기분은 어떤가요?
2. 연극을 하면서 가장 기억에 남는 것은 무엇입니까?
3. 연극을 하면서 겪은 어려움은 무엇입니까?
4. 어려움을 이겨내기 위한 방법에는 어떤 것이 있었나요?
5. 연극 수업과 다른 수업에서 나의 마음(태도)이 달라진 점이 있다면 무엇인가요?

6. 연극 수업과 다른 수업에서 친구들과 선생님의 다른 모습을 발견했다면 무엇인 가요?

7. 연극을 하면서 나, 친구, 선생님에 대해 새롭게 알았거나 발견한 점이 있습니까?

8. 만일, 다시 연극을 하게 된다면 어떤 역할을 하고 싶습니까? (또는 연극을 하기 싫다 면 그 이유는 무엇입니까?)

2장

온작품 읽고
연극 만들기

• 대상	서울 N초등학교 5학년 19명
• 일시	2018년 6월 1~8일
• 지도 교사	남상오
• 수업 목표	1. 동화를 희곡으로 바꾸어 쓸 수 있다. 2. 등장인물의 관점을 생각하며 연극을 할 수 있다. 3. 감정이 생겨나는 원인과 결과를 보고 감정의 역할과 중요성을 알 수 있다. 4. 전달하고자 하는 의미가 잘 드러나는 포스터를 만들 수 있다.
• 수업시간	총 5회기(블록수업으로 2차시씩, 총 10차시) 1회기(1 · 2차시): 작품을 읽고 내용 이해하기 2회기(3 · 4차시): 즉흥극 만들기(공개수업)와 극본 완성하기 3회기(5 · 6차시): 극본 수정하기, 역할 나누기 4회기(7 · 8차시): 연극 홍보물 만들기 5회기(9 · 10차시): 연습 및 공연하기
• 관련 과목	국어 5-1 12. 문학에서 찾는 즐거움 도덕 5 2. 감정, 내 안의 소중한 친구 미술 5 10. 디자인과 생활(광고 만들기)
• 작품 소개	만국기 소년(유은실 원작) 『나의 린드그렌 선생님』으로 2005년 아동문학 문단에 신선한 바람을 일으키며 등장한 작가 유은실의 첫 단편동화집으로, 총 9편의 단편동화가 실려 있다. 어른들이 만들어 놓은 부조리한 세상을 살아가는 아이들의 모습을 담고 있다.

온작품 읽기와
연극

온작품 읽기란 교과서에 실린 작품의 일부가 아닌 작가의 온전한 작품을 함께 읽으며 서로의 생각을 나누는 수업을 말한다. 아이들은 온전한 작품으로 수업을 했을 때 성장한다는 의도에서 시작된 것으로, 이는 3·4학년 국어과 교육과정 '한 학기 한 권 읽기'와 맞닿아 있다. 그림책의 경우는 그림을 생략하거나 축소하여 온전한 글을 싣기도 하지만 이는 온작품이라 보기 어렵다. 온작품은 책의 표지, 삽화, 그림에 담긴 작품의 의도와 의미를 탐색하는 과정을 중시하기 때문이다.[1]

나는 그동안 온작품 읽기 수업시간에 다양한 연극적 활동을 해왔다. 주로 정지 장면 만들기[2], 해설이 있는 마임[3], 핫 시팅[4], 빈 의자[5], 즉흥극 만들기[6] 등을 활용했는데, 이는 내가 공부한 교육 연극을 수업에 반영하고 싶기도 했고, 아이들도 이러한 활동을 매우 좋아했기 때문이다. '연극적 활동'과 더불어 '연극'을 공연하기도 했다. 연극적 활동이 상연을 전제하지 않고 모든 아이가 참여자가 되는 내부 활동이라면 '연극'은 관객을 대상으로 완성된 작품을 보여주는 공연의 특징이 있다.

연극적 활동이 연극으로 자연스럽게 이어지는 것을 '과정 중심 연극 만들기'라 부른다. 아이들이 참여자가 되어 극본 만들기, 인물 분석, 소품 만들기, 홍보하기, 연기 연습 같은 활동으로 자연스럽게 이어지게 하여 공연까지 완성하는 것이다. 하지만 이는 말처럼 쉽지 않고, 누구나 할 수 있는 것도 아니다. 연극은 하나의 목표를 위해서 학급 아이들과 다양한 준비(극본 만들기, 역할 나누기, 소품 만들기, 홍보하기, 연습하기 등)를 하고 그 결과를 많은 사람 앞에서 실수 없이 발표해야 한다.

교실 연극은 극본 선정 방식에 따라 크게 세 가지로 나뉜다. 첫째, 기존 극본으로 공연하는 것이고, 둘째, 갈래 바꾸어 쓰기(이야기를 극으로 바꾸어 쓰기)를 통해 공연하는 것이다. 셋째, 자신의 이야기를 극으로 만드는 것인데, 이것은 창작극에 속한다. 그동안은 주로 옛이야기를 바탕으로 만들어진 극본을 조건에 맞게 약간 고쳐 연극을 했다. 그런데 올해는 온작품을 활용하여 연극을 만들어보기로 했다. 아이들과 극본을 만들어본 경험이 없었던 나에게 '온작품 읽고 연극 만들기'는 새로운 시도였다.

---

1) 전국초등국어교과모임. 『이야기 넘치는 교실 온작품 읽기』. 북멘토. 2016
2) 타블로, 조각상 만들기 등으로 불리기도 한다. 개인 또는 모둠이 주제를 듣고 떠오르는 장면을 자신의 몸을 이용하여 만드는 교육 연극 기법이다.
3) 교사의 해설에 따라 학생들이 소리 없이 움직임만으로 표현하는 교육 연극 기법이다.
4) 이야기 속의 등장인물을 맡아 의자에 앉고 학생들의 질문에 인물이 되었다고 가정하여 대답하는 교육 연극 기법이다.
5) 이야기 속의 등장인물이 교실 앞 의자에 앉아 있다고 가정하여 그 인물에게 하고 싶은 이야기를 하는 교육 연극 기법이다.
6) 정지 장면에 즉흥적으로 말이나 움직임을 추가하는 교육 연극 기법이다.

1회기 (1·2차시)
작품을 읽고 내용 이해하기

- 주요 활동: 작품의 내용, 인물의 성격, 인물이 처한 상황 이해하기
- 준비물: 『만국기 소년』 20권

1. 「선아의 쟁반」을 선택한 이유

처음에는 『만국기 소년』에 수록된 모든 단편을 읽고 투표를 통해 작품을 선정하려고 했다. 그런데 아이들이 이 책을 읽을 2주의 시간을 확보하지 못했다. 어쩔 수 없이 내가 작품을 미리 선정해야 했다.

가장 먼저 든 고민은 '9개의 단편 가운데 어떤 작품을 선정할 것인가?' 였다. 하고 싶은 작품, 할 수 있을 것 같은 작품, 만들기 쉬운 작품 중에서 나는 '만들기 쉬운 작품'을 우선순위에 두었다. '아이들에게 교육적으로 중요한 내용을 담았는지' 혹은 '인물의 삶이 매우 흥미롭게 전개되는지'와 같은 교육적인 면도 중요하지만 '아이들이 좀 더 편하게 공연을 만들 수 있는지'와 '극이 너무 심각하여 아이들을 부담스럽게 하지 않는지'를 더 중요한 기준으로 삼았다.

연극으로 만들기 쉬운 작품은 몇 가지 조건이 있다. 첫째, 시간이나 공간 같은 배경의 변화가 많지 않아야 한다. 둘째, 등장인물이 적당해야 한다. 셋째, 역할의 비중이 골고루 나누어져 있어야 한다. 넷째, 10분 내외로 공연을 올릴 수 있어야 한다. 다섯째, 아이들이 재미있게 볼 수 있는 내용이어야 한다. 그런 면에서 「선아의 쟁반」은 연극으로 만들기 쉬운 작품이었다. 장소는 낯선 공간이 아니라 일상적인 공간이었고 등장인물이 9명으로 너무 많거나 적지도 않으면서 비중이 어느 한 배역에 치우치지 않고 골고루 나누어져 있었다. 연극에서 중요한 요소인 극적 갈등(친할머니와 외할머니, 할머니들과 선아)이 있으며 그 갈등이 '착하게 살아라!'라는 뻔한 교훈으로 정리되지 않아서 좋았다. 공연 시간도 10분 내외로, 준비할 시간도 10차시면 충분할 것 같았다.

특히 마지막 장면이 맘에 들었다. 가족들 때문에 지쳐버린 선아가 옥상에서 잠들어버린 순간, 선아를 애타게 찾는 가족의 모습이 겹친다. 극적인 엔딩으로 최고라고 생각했다.

2. 작품 읽기: 돌아가며 읽기, 읽으며 질문하고 답하기

작품을 읽기 전에 책상 배치를 바꿨다. 책상을 직사각형으로 만들어 모두 서로의 눈을 바라볼 수 있게 했다. 칠판을 중심으로 한 책상 배치는 질문한 학생과 교사의 일대일 대화가 되어버리는데 직사각형 방식은 모두가 함께 대화를 나눌 수 있다. 나도 직사각형의 한 부분인 학생용 책상에 앉았다.

책은 아이들이 돌아가면서 세 문장씩 읽었다. 한 문장은 너무 짧고 네 문장은 너무 길다. 아이들이 또박또박 큰 목소리로 글을 읽었으면 했을 때는 내가 소리 내어 읽어주기도 했다. 읽다가 잠시 아이들과 내용에 대한 이야기를 나누었다. '주인공의 기분이나 생각은 어떨지?' '왜 이런 행동을 했는지?' '앞으로 어떤 일이 벌어지게 될지'에 대한 질문과 대답을 주고받으며 읽었다.

3. 수업 활동

(1) 포스트잇에 마음에 드는 문구 옮겨 적기

- 포스트잇에 마음에 드는 문구나 장면을 적는다.
- 포스트잇을 교실 곳곳에 붙인다.
- 돌아다니면서 다른 사람이 쓴 문구를 읽어본다.

의도는 다른 사람이 옮겨 적은 글을 읽으며 자신의 것과 비교하고 그 이유까지 생각해보는 것이었다. 아이들은 어려움 없이 각자 마음에 드는 문구나 장면을 적었다. 완성된 문구를 교실 곳곳에 붙인 후에 다른 사람의 글을 읽어보게 했다. 그런데 아이들은 다른 사람이 쓴 글에 별 관심이 없어 보였다. 다른 사람이 쓴 글의 이유를 질문하고 대답하는 방식으로 수업을 이어가려 했지만 잘 되지 않았다. 이 활동이 잘 된다면 아이들이 연극에 이 대사(문구)를 꼭 넣고 싶어 할 것이라고 생각했는데, 그건 어려울 것 같았다.

그런데 결과적으로 내 예상은 빗나갔다. 아이들이 선택한 문구나 장면이 연극에 제법 많이 들어갔기 때문이다. 내가 기대했던 분위기, 서로에게 묻고 답하는 적극적인 분위기는 아니었지만 말이다.

- 아이고! 금쪽같은 내 새끼.
- 선아는 월요일부터 수요일까진 403호 외할머니 집에서, 목요일부터 토요일까진 203호 친할머니 집에서, 그리고 일요일에는 304호 엄마, 아빠 집에서 자라게 되었습니다.
- 결국 엄마, 아빠는 선아를 공평하게 나눠주기로 결심했습니다.
- 교양 있게 먹어! 쪼그만 게 할망구처럼 왜 카카거리고 먹어!
- 뿌리에 구멍이 숭숭 뚫린 거라고 할머니랑 잘 어울릴 것 같아서 만들었다고 꼭꼭 전해.
- 선아가 이쁜 옷을 입고 부침개를 들고 올라가는 모습과 촌스러운 옷을 입고 부침개를 들고 올라가는 모습

- 저는 죽을 때까지 부침개 안 먹을 거예요.

- 아, 이놈의 똥배.

- 할머니 뼛골이 빠지면 어떻게 끼워요? 우리 엄마 뼛골이 빠졌거든요.

- 선아는 쟁반을 들고 우두커니 한참을 서 있었습니다.

(2) 인물 분석

인물 분석(role on the wall)은 인물을 깊이 있게 이해하려는 활동으로, 인물에 대한 정보를 전지나 칠판에 적으면 된다. 인물 분석을 통해 학생들은 이 정보를 공유하거나 기존 정보에 더 자세한 정보를 더하게 된다. 모둠별로 활동하거나 학급 전체가 동시에 진행할 때 방식이 조금 다르다. 학급 전체가 동시에 진행한다면 칠판에 하나의 선으로 인물을 그린다. 그 선을 중심으로 내부와 외부로 나눈다. 주변 인물의 평가는 인물의 외부에 작성하고 인물의 외모, 생각, 감정은 내부에 작성한다. 전체가 순서대로 1명씩 돌아가며 말하기도 하고 순서 없이 희망자가 나서서 정보를 말하기도 한다. 학생들이 인물에 대해 이야기하면 교사는 칠판에 적는다. 모둠별로 진행할 때는 모둠별로 전지를 나누어준다. 학생들은 교실 바닥에 전지를 놓고 직접 글씨를 쓴다.

우리는 선아에 대한 인물 분석을 칠판에 했다. 선아가 좋아하는 것, 기분, 외모 등을 내부에 적고 주변 인물과의 관계, 서로에 대한 감정, 주변의 물리적 상황 등을 외부에 적었다. 내부에는 '혼난다, 눈치가 생겼다, 2학년이다, 걱정이 있다, 304호에 산다'를, 외부에는 '할머니가 돌봐줌, 금쪽같은 손녀, 친할머니는 남편이 있고, 203호에 살며, 화가 났다, 외할머니는 날씬하고, 403호에 산다, 할머니들 사이가 나빠졌다.'를 적었다. 예상보다 내용이 다양하지 않았다.

이 활동이 잘 이루어지는 날은 1명이 2개 이상의 정보를 이야기하기도 한다. 칠판이 가득 차서 적을 공간이 부족해진다. 반대되는 정보가 나오면 치열한 토론도 이뤄진다. 이번엔 칠판이 얌전했다. 좀 더 '치열한 논쟁'이 있어야 하는데 말이다.

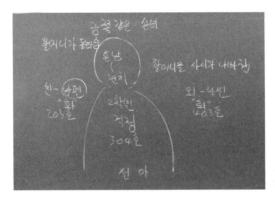

선을 중심으로 내부와 외부를 나누어 인물 분석을 했다.

4. 수업 정리

단편 작품이라 읽는 데 많은 시간이 필요하지 않았는데도 2차시 수업 시간이 부족했다. 질문하고 답하는 데 시간을 너무 많이 썼고, 다양한 의견을 듣고 싶다는 생각에 조금 느슨하게 수업을 진행한 것이 원인이었다. 2개의 활동이 아니라 하나에 집중해야 했다. 책을 읽는 중에 진행했던 '질문하고 답하기'도 간략하게 했어야 했다. 하지만 수업 분위기는 활기차고 적극적이어서 아이들도 나도 만족스러웠다.

2회기 (3·4차시)
즉흥극 만들기(공개수업)와 극본 완성하기

• 주요 활동: 인상적인 장면을 즉흥극으로 만들어 발표하기, 즉흥극을 극본으로 완성하기
• 준비물: 6개의 장면이 적힌 종이, 1장 극본(20부), 8절 도화지 5장

1. 즉흥극 만들기

연극 수업을 하면서 겪게 되는 어려움은 다양하다. 그중 가장 먼저 부딪치는 어려움은 극본과 관련된 것이다. 기존 극본을 구하기도 어렵고 아이들과 직접 쓰려고 하니 너무 막막하다. 무엇을 주제로 쓸 것인가? 극본의 형식에는 맞는 것일까? 분량은 얼마나 써야 하는가? 이것만 고민해도 지쳐버린다.

'어떻게 하면 극본을 수월하게 써볼까?'를 고민하다 거꾸로 진행하기로 했다. 극을 먼저 완성한 후에 그것을 극본으로 옮겨 적기로 했다. 2년 전에 6학년 연극 동아리를 운영하면서 극본 없이 즉흥극으로 10분짜리 극을 만든 적이 있었다. '극본 없이 극이 가능할까?' 하는 의구심이 들었지만 아이들을 믿어보기로 했다.

연극 동아리의 특성상 아이들은 적극적이었고, 학급에 비해 인원이 적었다. 12명의 아이들을 두 팀으로 나누어 한 팀은 5분 정도의 극을, 다른 한 팀은 10분짜리 극을 만들었다. 관객으로 2학년 2개 학급을 섭외했다. 연극을 보고 싶다고 희망하는 2학년 교실로 찾아가서 공연을 했고, 결과적으로 극본 없이 만든 즉흥극은 매우 흥미로웠다. 그때의 경험으로 극본을 완성한 후 연극을 만드는 것이 아니라, 즉흥극을 토대로 극본을 만들 수 있다는 생각을 갖게 되었다.

2. 공개수업

즉흥극 만들기는 공개수업으로 진행했는데, 이는 두 가지 목적이 있었다. 첫째, 아이들이 즉흥극 만들기 과정을 경험하는 것이고, 둘째, 동료 교사들에게 즉흥극 만들기 과정을 보여주는 것이다. 가을에 처음 시도하는 N초등학교 5, 6학년 연극제가 즐겁게 끝날 수 있도록 말이다. 1차시 동안 즉흥극을 만들어 발표하고 그것을 수정하여 재발표하는 것으로 계획했다. 40분은 힘들겠지만 45분이면 가능할 것이라 예상하여 수업 계획안은 45분으로 만들었다.

「선아의 쟁반」 즉흥극 만들기 수업 계획안

활동 내용	시간 (50분)[7]	준비물 및 유의점
※ 수업 안내	5분	
1. 장면 선택하기 1장(56쪽~62쪽 6째줄) - 교사가 예시로 만든 극본 태어나서 두 할머니 손에 자라는 선아 2장(63쪽 7째줄~68쪽 3째줄) 걷기 시작하여 다섯 살이 될 때까지 3장(68쪽 4째줄~70쪽 9째줄) 다섯 살부터 야단을 맞고 일곱 살에 '눈치'가 생김 4장(70쪽 10째줄~73쪽 끝) 부침개(해물파전) 심부름 다니기 5장(74쪽~80쪽 4째줄) 부침개(녹두전) 심부름 다니기 6장(80쪽 5째줄~83쪽 끝) 엄마에게 전화하고 다혜네 집에 들렀다.	5분	1장은 즉흥극 만들기가 끝난 후 제시한다.
2. 모둠별로 즉흥극 만들기 • 반드시 들어가야 하는 대사, 상황 선택하기 • 역할 나누기, 연습하기	5분	장면 카드 (6장)
3. 중간 발표하기 • 발표하기 • 이야기하기 • 수정하기	15분	
4. 최종 발표하기	15분	
※ 정리하기	5분	

(1) 장면 선택하기

미리 장면을 6개로 나누었다. 시간이 문제였다. 만일 아이들과 장면을 고르고 그 장면을 6개로 만들려면 그것만으로 40분이 필요했다. 하지만 10차시 내로 연극을 완성하려면 그럴 만한 시간이 없었다. 만일 시간이 허락했다면 아이들과 기억에 남는 장면을 브레인스토밍 방식으로 나열한 후 그중에 5~6개 장면을 선택했을 것이다.

아이들은 5모둠으로 나누었다. 모둠별로 2장부터 6장을 무작위 추첨해 선택하게 했고 각각 어느 장면을 선택했는지 알 수 없게 하였다. 친구들이 만든 장면이 몇 장인지 직접 보면서 맞춰보게 하려는 의도였다.

(2) 모둠별로 즉흥극 만들기

내가 제시한 조건은 세 가지였다. 첫째, 모둠별로 장면에서 반드시 들어가야 하는 대사와 상황을 선택한다. 둘째, 그것이 잘 드러나게 극을 만든다. 셋째, 책을 보며 연습해도 된다.

40분 안에 즉흥극을 만들고 발표하려면 연습 10분, 발표 20분이 필요하다. 나머지 10분은 설명 및 정리하는 데 소요되니 실제로 쓸 수 있는 시간은 30분이다. 시간을 효율적으로 쓰기 위해 몇 가지 방식을 사용한다.

첫째, 중간 발표를 한다. 처음에 5분 동안 연습 시간을 준다. 이때 대

---

7) 수업은 원래 40분이지만 내용이 40분 안에 완성되기 어려워 50분으로 계획했다.

부분의 아이가 들어가야 할 대사나 상황을 선택하고 역할을 나누는 데 3분 정도를 쓴다. 나머지 2분간 연습을 해야 하는데 시간이 충분하지는 않다. 그래서 대부분 아이들은 시간이 부족하다고 불만을 표시한다. 그렇지만 연습 시간으로 10분을 주어도 아이들 반응은 달라지지 않는다. 그렇다면 어떻게 해야 할 것인가? 나는 시간을 더 주지 않는 방식을 선택했다. 이미 시간은 충분히 주었으며 1차 발표 후 한 번 더 연습 시간을 줄 것이라고 아이들을 설득한다. 그래서 발표 2분 전 또는 1분 전을 반복적으로 안내한다. 또, 시간을 안내하며 연습을 지켜볼 뿐 연습에 참견하지 않는다. 질문에 대답해 주거나 연습이 멈춰 있는 상황에는 그 이유를 확인하여 연습을 독려한다.

(3) 중간 발표하기

다섯 모둠이 발표를 하고 간단히 소감을 이야기하면 10분이 걸린다. 발표 후 친구들의 의견을 들어보는 것은 반드시 필요하나 주의점이 있다. 먼저, 소감을 말하는 시간이 늘어지면 안 된다. 의견을 듣는 시간이 길어지면 집중력이 떨어진다. 발표하겠다는 아이를 말리지는 않지만 소감을 듣기 위해 의무적으로 발표를 시킬 필요는 없다. 모둠이 발표를 한 후 희망자가 없으면 간단히 잘했다고 언급하고 넘어갔다. 둘째, 상대방에 대한 조언이 아닌 심사위원 방식의 평가가 되면 불필요한 긴장이 조성된다.

(4) 최종 발표하기

다섯 모둠의 발표가 끝나고 수정 시간(5분)을 주었다. 이때 아이들의 연기가 많이 달라졌다. 집중력이 좋아졌고 상대방과 호흡이 맞기 시작했다. 그러나 역시 40분 안에 완성하기란 어려운 일이었다. 최종 발표 전에 대부분의 선생님은 각자의 교실로 돌아갔고, 단 한 분, 옆 반 선생님만 남아 계셨다. 연습 시간이 끝난 후 발표를 하려는데 그 선생님께서 자기 반 아이들과 함께 관람해도 좋은지 물었고, 나와 아이들은 흔쾌히 허락했다. 그래서 갑자기 18명의 관객을 상대로 공연하게 되었다. 우리 반 아이들은 긴장하는 듯 보였지만 즐겁게 역할을 해냈다. 즉흥극을 했던 공개수업은 매우 성공적으로 끝났다. 아이들의 자유롭고 적극적인 표현이 잘 드러났다.

(5) 즉흥극과 연극

즉흥극은 '준비되지 않은 순간적인 행동이나 말을 가지고 극을 만드는 것'으로 그 어떤 표현을 해도 좋다는 전제로 시작한다. 즉흥극은 보는 사람이 아니라 하는 사람이 중심이다. 연기를 하는 것이 아니라 인물의 입장이 되어보는 것이다. 안내자(학교에서는 교사라고 부른다.)는 즉흥극을 했던 사람이 '왜' 그런 행동을 했고 '무엇'을 느꼈는지 중요하게 지켜봐야 한다. 즉흥극은 정답을 보는 것이 아니라 즉흥극을 했던 사람의 생각을 지켜보는 것이기 때문이다. 그러므로 즉흥극을 할 때는 잘해야 한다는 생각을 버리고 자신이 생각하는 대로 행동하는 것이 중요하다.

즉흥극은 앞뒤 맥락에 얽매이지 않고 오직 지금 이 순간을 표현한다.

특별히 연습하지 않아도 되고 1~2분 정도로 짧게 표현하면 된다. 그러다 보니 인물의 성격이나 줄거리에 얽매이지 않는다. 맥락을 중시하는 일반적인 연기와 달리, 즉흥극은 '탈맥락'을 허용한다.

즉흥극의 특징은 '허용적 분위기'와 '탈맥락'이다. 아이들은 즉흥극 안에서 자유롭고 적극적으로 말하고 행동하게 된다. 즉흥극의 질은 아이들의 자유롭고 자발적인 표현에 따라 좌우된다. '자유롭고 적극적인 표현이 인상적입니다.' 이것이 즉흥극에서 최고의 평가다. 즉흥극은 맥락이 중요한 공연엔 적합하지 않다는 한계도 있다.

상연을 위한 연극은 인물의 성격에 맞지 않는 행동이나 말은 제외되어야 하고 줄거리와 흐름이 이어져야 한다. 이를 위해 대사를 암기하고 반복 연습을 한다. 서서히 즉흥적인 성격을 줄여나가며 반복 연습으로 인물에 적합한 말과 행동, 합리적인 줄거리를 찾는다. 어디까지 반복 연습을 해야 하는지 한마디로 정리하긴 어렵지만 '본인이 만족할 때까지'가 적절한 대답이 될 것이다.

3. 극본 완성하기

공개수업을 끝내고 이어서 6교시 극본 만들기 수업을 하였다. 그런데 5교시 수업이 좀 길어져 6교시가 30분 정도밖에 남지 않게 되었다. 1장의 원고와 8절 도화지를 나눠주고, 극본 쓰기 과정을 설명하니 시간이 20분 정도밖에 없었다. 1장을 참고하여 극본을 작성하라고 안내했다. 1장은 아이들에게 해설이나 지문, 대사를 보여주기 위해 만든 것이었다. 그래야 함께 읽었던 동화가 어떻게 희곡으로 만들어지는지 쉽게 이해할 것이라 생각했다. 세 가지 조건도 함께 제시했다.

- 각 장에 적합한 제목 정하기
- 해설, 지문, 대사를 구분하여 쓰기
- 한눈에 알아볼 수 있게 도화지 한 면만 사용하기

각 장의 제목은 그 장의 핵심을 보여줄 것이라 생각했고, 도화지 한 면만 사용하라고 한 까닭은 내용이 너무 길어지는 깃을 막기 위한 예방책이었다. 해설, 지문, 대사의 정의를 구체적으로 설명하지 않았고, 그것을 말하거나 쓰는 활동도 하지 않았다. 직접 눈으로 확인하도록 한 것이다. 아이들은 즉흥극을 해봐서 그런지 극본 쓰기에 어려움이 없어 보였다. 제 시간에 모든 모둠이 극본을 완성했다.

'내가 극본을 다 모아서 워드로 작성할까?' 하는 생각도 했지만 아이들에게 정리해보는 경험과 좀 더 많은 책임을 나눠주고 싶었다. 그래서 모둠별 극본을 USB나 이메일로 제출하라고 했다. 결과적으로는 아이들에게 좋은 경험을 제공했지만 내가 혼자 작업하는 것이 훨씬 수월하다는 것을 알게 됐다.

3회기 (5·6차시)
극본 수정하기, 역할 나누기

- 주요 활동: 극본을 확인·수정하여 완성된 극본 만들기
  개인의 선호를 고려하여 공연에 필요한 역할 나누기
- 준비물: 극본 20부

1. 극본 모으기

예상과 달리 다섯 모둠 가운데 한 모둠만 극본을 이메일로 제출했다. 두 모둠은 완성했으나 USB를 안 가져왔고 두 모둠은 한글문서조차 만들지 않았다. 수업시간에 마무리할 시간을 주었지만 오타가 무수했고, 예시로 보여준 극본의 형식과도 너무 달랐다. 더 이상 연극 수업을 진행하기 어렵다고 판단해 결국 각자 집에서 정리해 내일까지 제출하라고 했다.

2. 극본 확인하기: 모둠별 극본을 하나로 모으기, 역할 정하여 읽기

다음 날 등교하자마자 수정된 문서를 걷어서 재편집했다. 그제야 극본다운 극본이 정리되었다. 교실 책상을 'ㄷ'자로 만들어 극본을 읽기 시작했다. 극본 읽기의 목적은 완성된 극본을 확인하고 잘못된 내용이나 오

타를 수정하는 것이다. 극본은 세 가지 방법으로 읽었다.

첫째, 혼자 읽기를 시켰다. 그런데 아이들은 극본을 읽지 않고 떠들기 시작했다. 몇 번 주의를 준 후에야 겨우 조용히 혼자 읽게 되었다.

둘째, 배역에 상관없이 1명씩 소리 내서 읽게 하였다. 소리 내어 읽을 때는 정확한 발음으로 읽도록 안내했다. 목소리를 크게 내거나 감정을 넣지 않아도 괜찮지만 정확한 발음으로 읽어야 다른 사람들이 이해할 수 있다고 말해주었다.

셋째, 역할을 정해 읽었다. 전체 역할은 9개였다. 반 아이들 19명 가운데 14명이 배역을 희망했다. 희망자들 모두 극본을 읽게 했고 대사가 많은 배역은 몇 명이 나눠서 읽었다. 그 외에 가위바위보를 하여 희망자를 배정했다. 읽다 보니 해설의 비중이 매우 컸다. 공연 때는 해설을 여러 명으로 해야겠다는 생각이 들었다. 적게는 3명에서 많게는 6명을 두면 좋을 것 같았다. 역할을 희망하는 모든 아이에게 역할을 주기 위한 좋은 아이디어가 될 것 같다.

극본을 다 읽은 후 바꾸고 싶은 단어, 대사, 장면이 있는지 물어보았다. 고치고 싶다는 이야기는 나오지 않았다. 의외로 수월하게 극본이 확정되었다. 완성된 극본은 이 장의 끝 부분에 제시했다.

3. 역할 정하기(캐스팅, 스태프)

역할을 가위바위보로 정할 것인지 오디션을 볼 것인지 아이들의 의견을 들어보았다. 예상 외로 오디션을 많이 선택했다. 오디션 11명, 가위바위보 5명이었다. 아이들 뜻을 존중하여 오디션을 보기로 하고 우선 희망 배역을 받았다. 19명 가운데 15명이 배역을 신청했다.

경쟁이 없는 배역은 희망자에게 돌아갔고, 경쟁이 붙은 배역은 오디션을 보기로 했다. 오디션은 대사가 많은 친할머니와 선아 역부터 시작했는데, 자신이 원하는 대사를 읽는 것으로 간단하게 진행했다. 친할머니 오디션이 끝난 후 아이들은 둘 다 잘한다는 의견이 우세했다. 아이들 의견에 따라 결정하려 했지만 아이들도 한쪽으로 몰리지 않았다. 문득 더블 캐스팅이 생각났다. 더블 캐스팅은 한 역할을 2명이 나누어 연기하는 것이다. 잠시 고민하다 전체 1~6장을 2개 팀으로 나누어 1팀은 1~3장을 맡고 2팀은 4~6장을 맡는 방식의 더블 캐스팅으로 정했다. 아이들도 이의를 제기하지 않았다.

캐스팅 과정에서 1명이 더 참가 의사를 밝혀 배우 희망자는 16명이 되었다. 배역이 없는 아이는 3명밖에 남지 않았다. 솔직히 그 3명이 어떤 식으로 공연에 참여해야 하는지 고민할 겨를이 없었다. 이제 막 캐스팅을 마치고 두 그룹을 어떻게 연습시켜야 하는지에 신경이 집중되어 있었기 때문이다.

그런데 아직 배역이 없는 아이들이 자신의 역할이 무엇인지 물어왔다. 순간 당황했는데, 한 팀에서 배우 1명이 부족하다고 하여 그 3명에게 배우를 해볼 생각이 있는지 물었다. 1명이 그 역할을 맡겠다고 했다. 이제 배우는 17명이 되었다. 배우를 하고 싶지 않다는 여자아이 2명에게는 의상 담당을 제안했다. 다행히 그 역할이 맘에 들었는지 적극적으로 역할을 수행했다. 이제 겨우 캐스팅이 끝났고 역할을 나눴다. 이제부터 본격적인 연습을 할 수 있게 된 것이다.

4. 학생 소감

학생 소감은 과제(글쓰기)로 내주었다. 수업시간이 부족하기도 했지만 오늘의 활동을 집에서 천천히 정리하는 것도 좋겠다 싶었다.

지난 금요일에 연극 연습을 했다. 역할을 정하고 한 번밖에 읽어보지 않았지만 극본 만드는 것만도 많은 정성이 들어갔다. 우리가 내용을 간추려 극본으로 만들고 워드로 친 것을 선생님이 이어 붙여 출력했다. 그 과정은 이러하다. 일단 각 모둠별로 주요 사건 한 가지씩을 맡는다. 우리 모둠은 2장 '말을 하기 시작해서 궁금한 것을 물어보다가 야단을 맞는 선아' 부분을 맡았다. 암튼 그다음엔 맡은 부분으로 극본을 쓴다. 마지막으로 그 내용을 워드로 쳐 선생님께 드린다. 그럼 우리 역할은 끝난다. 선생님은 우리가 친 것들을 합쳐서 인쇄해 주신다.

국어 시간에 제목으로만 보았던 연극을 했다. 수정이 끝난 극본을 받고 연습을 시작했다. 1장은 선생님, 2장, 3장, 4장, 5장, 6장은 학생들이 만들었다. 난 할머니 역할이 진짜 싫었다. 다행히 해설을 맡아 마음속으로 춤추듯 신났다. 난 3장 해설을 하는데, 내용이 많지 않고 역할이 잘 분배되어 좋았다. 연극이 기대된다.

4회기(7·8차시)
연극 홍보물 만들기

- 주요 활동: 목적에 맞게 홍보물 만들기
- 준비물: 도화지 20장, 색연필, 사인펜

처음 계획은 8차시로 공연을 끝내는 것이었는데, 중간에 공연 홍보를 넣으면서 10차시로 확장되었다. 공연 홍보는 '다양한 과목을 적용하여 연극을 종합적으로 만들 수 있다.'는 점과 '홍보를 통해 공연에 대한 기대를 끌어올릴 수 있다.'는 점에서 중요한 의미를 지닌다. 미술 시간에 홍보 포스터를 만들면 연극에 대한 기대와 공연 분위기가 한껏 고조될 것이다. 공연 홍보물 만들기 계획은 다음과 같다.

- 포스터를 만들어 5학년 복도에 전시
- 꼭 들어가야 할 내용(공연 제목, 공연 일시, 장소) 확인하기
- 다른 반 친구들이 연극에 대한 기대를 갖도록 만들기
- 8절 도화지에 개인별로 만들기

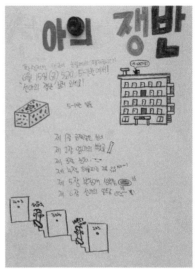

　　홍보물을 만들기 싫어하거나 대충 넘어가려는 아이는 없었다. 멍하니 시간을 때우지도 않았다. 포스터를 만드는 모습에서 공연에 대한 기대와 설렘이 보였다. 다 만든 사람은 칠판에 붙여놓으라고 했다. 아이들은 마지막 사람이 완성할 때까지 칠판 앞에서 다른 사람의 포스터를 구경하고 있었다. 모든 아이의 포스터가 완성되자 5학년 복도 가운데 홍보물을 전시했다.

5회기(9·10차시)
연습 및 공연하기

- 주요 활동: 팀별로 연습하기, 리허설하기, 연극하기
- 준비물: 무대 구분을 위한 마스킹 테이프, 책상, 의자, 소품

1. 연습하기

한 교실에서 두 팀이 연습을 하면 매우 소란스럽다. 소란스런 분위기에서 연습이 잘 되기란 쉽지 않다. 연습은 두 그룹이 서로 뒤죽박죽 섞이지 않게 공간을 구분하는 것으로 시작했다. 연습이 시작되자 아이들은 하나둘씩 눕기 시작했다.

두 팀으로 나누어
대사 맞춰보기

다 읽어본 팀은 일어나서 연습할 것을 권했다. 낭독극을 할 것인지 연기를 하면서 할 것인지 선택은 자유지만 연습은 일어나서 하도록 했다. 감정은 목소리가 아니라 몸에서 나오기 때문에 최대한 몸을 쓰도록 유도했다. 가만히 지켜보니 두 팀 모두 '낭독극'이 아닌 '움직이는 연극'으로 연습을 하고 있었다.

일어나서 연습하기

나는 지켜보기만 했다. 연극을 처음 해보는 아이들이라 객석을 등지거나 발음이 부정확한 경우가 많았다. 가끔 위치를 잡아주기도 했으나 주로 소리를 정확하게 내는 것에 초점을 맞춰 지도했다. 대부분의 아이가 소리 낼 때 발음을 뭉개 알아듣기가 힘들었다. 또박또박 말하고 정확히 말하는 것이 가장 기본이라고 강조하고 그 후에 감정을 넣고 캐릭터를 만들어야 한다고 말해주었다. 하지만 목소리와 발음 문제가 해결되었다고 감정을 넣거나 캐릭터를 만드는 것이 쉬운 일은 아니다. 상황에 맞는 감정을 넣거나 캐릭터를 만들기 위해서는 반복 연습이 필요하다.

동시에 두 그룹에서 연습을 하다 보니 차분히 지켜보기가 어려웠다. 연습 중간에 불쑥 질문을 하거나 요구사항에 대답하다 보면 연습 과정을 놓치기도 했다. 아이들의 질문도 이어졌다. "선생님, 책상 써도 돼요?" "쟁반이 필요한데 쟁반이 어디 있어요?" "이 옷 괜찮아요?" "천이 흘러내려요. 도와주세요." 그래도 이런 질문은 긍정적인 편이다. 친구가 장난만 친다거나 시비를 걸었다는 사소한 고자질에 비하면 말이다.

"10분 남았다" "5분 남았다"라는 식으로 남은 연습 시간을 안내했다. 겉으로 보기에 연습은 자발적이고 적극적이었으나 그것이 연습과 관련된 것인지(효율적인지) 장난치며 노는 것인지(비효율적인지) 헷갈리는 경우도 있었다.

40분은 너무 빨리 지나갔다. 넉넉하지는 않아도 40분이면 연습과 리허설을 할 수 있을 것이라 예상했는데, 현실은 그렇지 않았다. 나는 처음부터 쭉 지켜보며 상황을 확인하려고 했지만 생각대로 되지 않았다. 등·퇴장 같은 기본 동선도 봐줄 수 없었고 그저 소리를 정확하게 내라고 하거나 무대 중앙과 객석이 어디인지 정도를 말해줬을 뿐이다. 결과적으로 아이들이 알아서 연습을 하게 되었다.

(1) 낭독극이 연극으로 변하다

처음 계획은 낭독극으로 만드는 것이었다. 극본만 읽었을 땐 10분도 걸리지 않는 공연이었다. 길어야 8~9분이면 충분했다. 낭독극은 등장과 퇴장 없이도 가능하며 무대 변화나 움직임도 없기 때문이다. 그런데 계획이 바뀌어 연극으로 하면서 공연 시간이 15분으로 늘었다.

바뀌는 방식은 즉흥적이었다. 예상되는 문제를 고려하고 대안을 세운 후에 결정한 것이 아니라 연습하는 과정에서 "연기해도 돼요?"라는 질문이 있었는데, "맘대로 해."라고 대답한 것이 전부였다. 그 후 아이들은 정말로 '맘대로' 연기하기 시작했다.

40분 안에 등장, 퇴장, 먹는 장면, 걷는 장면을 연습해야 했다. 장면별로 무대 전환도 필요했다. 그런데 배우들이 극본에 없는 애드립(아이고! 나? 흥! 등등)을 하고 있었다. 사실, 애드립은 매우 좋은 것이다. 배우들이 자신의 방식대로 연기하는 것이기 때문이다. 하지만 나는 이 상황이 마냥 좋다고 할 수 없었다. 등 · 퇴장도 정리되지 않은 상황에서 애드립이 넘쳐나는 상황을 상상해보라. 그래서 모두에게 "애드립보다 기본에 충실하자."라고 당부했고 아이들은 그러겠다고 대답했다. 그런데 전혀 달라지는 것이 없었다.

공연의 장르를 바꾸면서 공연 시간과 연습 시간이 늘었고, 결국 연습 시간(40분) 내에 전체 리허설을 하지 못했다. 심지어 소품도 확인하지 못했다.

(2) 의상에 매달리기

아이들은 천이나 막대 같은 오브제를 이용하여 인물의 의상, 소품을 창조하는 걸 좋아한다. 오브제를 이용한 의상이나 소품은 연극적 상상력을 자극하고 극적 몰입을 촉진한다. 단, 모든 아이에게 오브제가 효과를 발휘하는 것은 아니다. 몇몇 아이는 부작용이 발생하는데, 의상 집착증, 즉 의상에 매달리는 경우가 생긴다. 그러면 인물의 성격이나 사건과 관련 없이 의상을 바꾸거나 고치느라 연습에 불성실하게 참여하게 된다. 고치느라 등장 순간을 놓치는 것은 물론이고 소품을 만든다고 하고는 실제로는 물체변형놀이(다른 배우들과 총싸움이나 칼싸움)를 하며 연습을 방해한다.

한 장소에서 두 팀이 연습하느라 시끄럽던 분위기가 의상과 소품의 등장으로 더욱 소란스러워졌다. 아이들에겐 연습이 더욱 재미있어졌는지 모르지만 40분 안에 연습을 마칠 수는 없었다. 너무 일찍 오브제(천, 막대)를 나눠주면 안 된다는 사실을 다시 한 번 배웠다.

(3) 수업시간에만 연습하기

5교시 공연인데 리허설을 한 번도 못하고 공연을 올려야 할 상황이 되었다. '점심을 빨리 먹고 좀 더 연습을 하자고 할까?'라고 생각해봤지만 아이들에게 맡기기로 했다. 이 공연은 내 것이 아니라 아이들의 것이고 잘 되든 못 되든 연극은 그것만으로도 충분히 의미 있으니까. "연습을 더 하고 싶으면 점심시간에 팀별로 알아서 해."라고 한마디만 던져두었다.

한편으로는 아이들이 밥을 빨리 먹고 연습하는 모습을 기대했다. 리허설을 못해 불안할 것이고, 그렇다면 당연히 점심시간에 연습을 할 거라 생각한 것이다. 그러나 예상은 빗나갔다. 아이들은 평소처럼 놀고 있었다. 연극과 전혀 상관없이 카드게임이나 공놀이를 하거나 수다를 떨었다. 몇몇 아이가 연습하자는 의견을 피력했으나 나머지 아이들은 그냥 놀기를 원했다. 친구들의 호응이 부족하다 생각되면 선생님께 도움을 청하거나(난 충분히 도울 준비가 되어 있었다.) 친한 친구들끼리라도 연습할 법도 한데, 그런 아이들은 없었다. 오히려 다른 아이들의 놀이에 끼어 놀았다.

어쨌든 나는 끝까지 지켜보기만 했다.

2. 공연하기

(1) 공연장 만들기

공연 시간은 5교시(1시)였다. 그래서 2, 3반을 1시 10분에 초대했다. 그 10분 동안 리허설을 하려고 했다. 1시에 리허설을 시작하려면 12시 55분에 아이들을 정리해야 했다. 12시 55분에 아이들을 모았지만 교실에 없는 아이들이 있었고, 화장실에 가겠다는 아이들도 있었다. 아직 쉬는 시간이라고 주장하는 아이들도 설득해야 했다. 모두 자리에 앉자 소품과 극본을 챙기라고 했다. 그랬더니 아이들이 소품과 극본을 찾아 돌아다니기 시작했다.

소품과 극본이 정리된 후에는 다른 반 친구들이 공연을 볼 수 있도록 교실을 정리해야 했다. 책상을 뒤로 밀고 연습을 시작하려고 시계를 확인했다. 1시 5분! 남은 시간은 5분이었다. 어쨌든, 리허설을 시작했다. 결국 리허설은 전체 6장 가운데 2장에서 멈춰야 했다.

2, 3반 아이들은 기대에 찬 눈빛으로 들어왔다. 우리 반 아이들도 긴장을 많이 했다. 두 반을 초대하니 교실이 좁게 느껴졌다. 그렇다고 관람이 불가능할 정도는 아니었다. 좁은 교실에서 20명은 공연을 하고 40명은 관람을 했다.

교실 무대

공연하기 전에 마스킹 테이프를 이용하여 무대와 객석을 물리적으로 구분했다. 이러한 구분은 연기하는 아이들에게 안정감을 주고, 진짜 공연 같다는 생각도 들게 한다. 무대 옆으로는 배우들의 대기 장소를 만들었다. 여러 사람이 같이 움직이는 연극은 태생적으로 혼란스럽고 시끄럽다. 공간에 대한 약속이 없으면 혼란과 시끄러움이 더욱 심해진다. 물론 선을 그었다고 아이들이 손쉽게 공간을 인식하는 건 아니다. 인내심을 갖고 반복해서 안내해야 한다.

(2) 공연하기

겨우 자리를 정리하고 공연을 시작했다. 각자 의상을 입고 연기를 시작한 아이들은 긴장한 표정이 역력했다. 용기를 내서 무대에 섰다는 것이 느껴졌다. 공연이 잘 진행되다가 가끔 흐름이 끊기기도 했다. 무대에서 배우들이 갑작스런 웃음을 터뜨리기도 했고, 자기들끼리 웃음을 못 참기도 했다. 그러다 보니 해야 할 대사를 하지 못하고 등장과 퇴장이 소란스러워졌다. 한 번 흐트러진 공연 분위기를 다잡기는 어려웠다. 그래도 아이들은 만족하며 연극을 했다. 어느덧 1팀의 연기가 끝났다.

1팀이 끝나고 2팀이 나갈 차례였다. 같은 배역을 맡은 사람끼리 의상을 바꿔 입어야 하는데 이 연습을 하지 못해 시간이 5분 정도 필요했다. 공연 중에 흐름을 끊는 시간이 너무 길었지만 어쩔 수 없었다. 2팀도 공연을 진행했다. 리허설을 하지 못해 매끄럽게 이어지지 못하거나 목소리가 들리지 않는 경우도 있었지만 아이들은 끝까지 자신의 역할을 수행했다.

1팀 공연 후 기념 촬영

두려움에
도전하다

연극은 공연이 끝나기 전까지 그 결과를 예상하기 어렵다. 그래서 기대와 걱정이 동전의 양면처럼 딱 붙어 있다. 다행히 이번 공연은 무대에 선 아이들도, 공연을 지켜봐준 아이들도 모두 만족해했다. 이러한 만족이 연기 실력이나 공연의 완성도와 무관하다고 할 수는 없지만 그것이 중요한 판단의 근거는 아닐 것이다. 교실 연극을 연기와 완성도만으로 판단하는 건 적절하지 않다. 그렇다면 연극을 준비하는 교사로서 무엇으로 연극을 판단해야 할까? 또, 무엇이 아이들을 만족하게 만들었을까?

1. 도전 – 두려움에 맞서는 용기

고학년은 수업시간에 질문을 하거나 발표를 시키면 스스로 발표하는 아이들이 정해져 있다. 항상 발표하는 아이들만 해 골고루 발표를 시키려면 교사의 지시나 부탁이 있어야 한다.

"○○가 한 번 발표해볼래? 괜찮아. 그냥 해봐. 틀려도 돼."

교사나 친구들이 아무리 괜찮다고 응원해도 아이들은 쉽게 용기를 내지 못한다. 쉬는 시간이나 놀이 시간에 두 눈 부릅뜨고 큰소리로 떠들던 아이들도 수업시간만 되면 얌전한 고양이가 되는 걸 보면 성격의 문제만은 아닐 것이다. 그 이유는 무엇일까? 이유는 다양하겠지만 가장 주된 이유는 두려움 때문이 아닐까 싶다.

대부분의 상황에서 아이들은 도전을 망설인다. 교사의 질문에 대답하지 않거나 두려움이 가득 찬 눈빛으로 거부 의사를 전달하면 교사는 그것을 수용하고 더 이상 권하지 않게 된다. 결국, 교사 혼자 질문하고 혼자 대답한다. 나중에 왜 대답하지 않았는지 물어보면 이렇게 대답한다.

"선생님과 친구들이 모두 나를 지켜보고 있으면 심장이 떨리고 다리가 땅에 딱 붙어버리는 기분이 들어요."

정답을 알고 있지만 도저히 입이 떨어지지 않는 것이다. 이번 연극에서도 아이들은 긴장감을 숨기지 못했다. 특히, 다른 반 아이들이 지켜보는 상황은 평소보다 더 부담되고 두려웠을 것이다.

아이들에게 연극은 그 자체로 '도전'이다. 연극은 배우와 관객과의 소통이라고 하지만 아이들에게는 소통 이전에 자신과의 싸움이다. 내가 맡은 역할을 잘할 수 있을까? 이 생각이 몸과 마음을 지배하고 그것을 이겨내기 위해 '난 할 수 있어!'를 끊임없이 외쳐야 한다. 두려움을 견뎌내며 그 상황을 끝까지 포기하지 않고 받아들여야만 연극을 할 수 있다.

연극을 하면서 아이들이 두려움에 맞서는 용기를 갖길 바랐다. 두려움을 이기는 것은 '잘해야' 하는 것이 아니라 '끝까지 포기하지 않고 해보는'

것이다. 모든 아이들과 함께 연극을 만드는 것도 이런 이유 때문이었다. 우리 반 아이들은 도전을 받아들였고 그것을 피하지 않았다. 어려움은 있었지만 도전하는 아이들의 모습을 보면서 그동안의 노력이 열매를 맺은 것 같아 흡족했다.

2. 성공 – 경쟁을 넘어

아이들이 환호성을 지르고 기뻐하는 순간이 있다. 옆 반과 피구 시합에서 이겼을 때, 우리 반이 제일 잘했다고 칭찬받았을 때, 수련회 가서 교관이 주는 점수로 일등으로 밥 먹을 때가 그렇다. 피구 시합처럼 경쟁을 기반으로 하는 활동은 패자와 승자가 다른 감정을 갖는다. 즉, 나는 기쁘지만 상대방은 그렇지 않다. 경쟁에서 진 아이들은 패배를 인정하면서도 솔직히 감정은 좋다고 할 수 없다.

하지만 연극의 성공은 조금 다르다. 상대방이 재미있어 하고 칭찬해야 성공할 수 있다. 상대방을 이기는 것이 아니라 상대방을 즐겁게 해줘야 성공하는 것이다. 다른 사람을 이기는 것도 쉽지 않지만 다른 사람을 즐겁게 하는 일은 매우 어렵다. 우리 반 아이들은 관객의 즐거움을 위해 부단히 노력했다. 용기를 냈고 새로운 아이디어를 찾기도 했다. 자신의 노력으로 친구들을 즐겁게 했다는 점에서 연극을 한 우리 반 아이들은 성공했다고 말할 수 있다.

3. 자발적 참여 – 항상 보고 싶은 모습

수업시간에 한마디도 하지 않는 아이들이 있다. 발표를 시키거나 모둠

토의를 해도 수동적인 아이들이 꽤 있다. 수업 내용을 이미 다 알고 있기 때문에, 교사의 이야기가 무슨 말인지 이해가 되지 않아서, 그냥 하고 싶지 않아서 등 이유는 각각이겠지만 말이다. 이러한 상황이 반복되면 교사와 함께하는 모든 것은 억지로 하게 되지 않을까 하는 괜한 걱정이 들기도 한다.

연극을 하다 보면 이런 걱정은 사라진다. 연극을 하는 아이들은 평소보다 활기차고 생동감 있게 움직인다. 멈춰 있는 것처럼 보이던 교실이 살아있는 것처럼 보인다. 무기력해 보이던 교실에서 새로운 것을 시도하고 평소에 보지 못했던 모습을 발견하게 된다. 가장 좋은 건 아이들이 무언가를 해보고 싶어 하는 자발적 욕구가 생긴다는 것이다.

가끔 시간을 내어 아이들에게 다 같이 해보고 싶은 걸 물어볼 때가 있다. 그동안은 저마다 요구사항이 달라 정하기가 쉽지 않았다. 그런데 연극을 한 이후에 한 번 더 연극을 하고 싶다는 아이들이 많았다. 아이들 입에서 "하기 싫어요" "그거 왜 해요?"가 아니라 무언가를 하고 싶다는 말을 듣는 건 교사로서 매우 즐거운 일이다. 그 이유가 단순히 교과 수업을 안 하기 때문은 아닐 것이다. 왜냐하면 좀 더 잘하고 싶고 부족한 부분을 채우고 싶다는 아이들의 마음이 느껴졌기 때문이다.

번외 편
시청각실에서 공연하기

1. 독서캠프에서 우리 반은 무엇을 할까?

학년별 독서캠프가 7월 13일(금)에 예정되어 있었다. 그날은 '작가와의 만남'도 마련되어 『만국기 소년』을 쓴 유은실 작가가 우리 학교를 방문하기로 했다. 학년에서 의논한 독서캠프 계획은 이랬다. 1교시 전시물 관람, 2교시 반별 발표, 3·4교시 작가와의 만남, 6교시 평가. 전시물 관람은 각 반별로 온작품 읽기를 하며 만들었던 결과물을 전시, 관람하는 것이고 2교시는 반별로 전시물을 발표하는 것인데 모든 아이가 다 발표하기로 했다. 1~4교시는 시청각실에 모여 전체가 함께하기로 했고, 6교시에 계획된 평가는 교실에서 반별로 진행하기로 했다.

2교시에 계획된 발표 준비를 고민하던 중에 5학년 2반과 3반에게 보여줬던 공연(「선아의 쟁반」)이 떠올랐다. 리허설도 못하고 공연을 한 것이 못내 아쉬웠기 때문이다. 그래서 우리 반은 독서캠프 발표로 연극을 하기로 결정했다. 장소는 시청각실, 관객은 5 · 6학년 4개 학급 80명이다. 원작자 앞에서 공연하는 특별한 무대였다. 100여 명의 관객을 대상으로 하기 때문에 해설은 무선마이크를 사용하고 유일한 스태프인 의상 팀(2명)은 의상 목록을 작성하기로 했다.

첫 공연과 마찬가지로 1, 2팀을 나누어 진행했으며 연습은 총 2회기(4차시)로 계획했다. 교실에서 공연했을 때 연습은 1차시만 했는데 이번엔 리허설(교실, 시청각실 각 1회)을 2회 추가해 4차시로 계획했다.

1회기 연습은 해설 팀, 배우 팀, 의상 팀으로 나누어 진행했다. 움직임이 없는 해설 팀은 발음과 발성 위주로 연습했고, 배우 팀은 움직임과 함께 상대방과 호흡을 맞추게 했다. 의상 팀은 체계적으로 의상과 소품을 정리하게 했다. 2회기에는 의상과 소품을 갖춘 후 교실 리허설, 시청각실 리허설을 진행했다.

2. 1회기 연습

(1) 해설 팀 연습하기

해설은 또박또박 말하고 적당한 속도를 유지하도록 했다. 해설은 모두 5명인데 그중 셋은 발음이 부정확하거나 목소리가 너무 작아 대사를 쉽게 알아들을 수 없었다. 해설자들은 소리를 정확히 내는 연습을 시켰다. "쉽게 알아들을 수 있게 정확한 발음과 적당한 속도로 읽어야 한다."라고 말로 설명하니 아이들이 이해하지 못했다. 그래서 적당한 속도와 발음을 내기 위해 끊어 읽기를 나와 같이 했다. 극본에도 끊어 읽을 곳을 표시하게 했다.

두세 번 반복해서 읽으니 많이 좋아졌다. 2단계로 벽을 향해 자신감을 갖고 소리 내어 읽게 했다. 평소 목소리보다 조금 더 힘주어 또박또박 소리 내라고 했다. 반복하여 연습한 후 각자 자신의 대사를 연습하도록 했다.

해설 연습 1단계: 발음과 속도 이해하기   해설 연습 2단계: 큰 목소리로 말하기

(2) 배우 팀 연습하기

연기를 맡은 아이들에겐 발음을 정확히 하고 동작을 과장되게 하도록 유도했다. 아이들은 사람들 앞에 서면 매우 부끄러워해 행동이 유난히 조심스러워진다. 그래서 평소보다 과장되게 하라고 한 것이다. 물론 그 어떤 순간에도 과하게 행동하는 아이가 있다. 그 아이에게까지 과장되게 행동하라고 할 필요는 없다. 그런 아이에겐 "모든 것을 웃기려고 할 필요는 없다. 웃기는 것보다 네가 그 인물의 심정을 잘 표현해주면 좋겠다." 라고 말했다.

내가 해설 팀을 지도하는 1차시 동안 1, 2팀은 팀별로 연습을 했다. 해설 팀 연습을 봐준 후에 1, 2팀의 연습 결과를 보기로 했다. 1, 2팀은 상황이 정반대였다. 연습이 잘된 2팀에겐 격려와 칭찬을 해주고 원하는 장면이나 대사를 추가해도 된다고 했다. 1팀의 장면은 소란스럽고 산만했다. 1팀은 극본과 상관없는 장면(주로 웃긴 장면)을 추가하는 데 시간을 다 써버렸다. 결과적으로 극본에 나온 장면을 거의 연습하지 못했다. 그래서 "먼저 극본 중심으로 연습하고 그것이 자연스럽게 진행된 후에 내용을 추가하면 좋겠다."라고 일러주었다. 30분 정도 배우 팀 연습을 도와주고 마지막으로 10분간 의상 팀을 점검했다.

(3) 의상 팀 확인하기

의상 팀에게 소품도 함께 챙기라고 하고 의상 팀이 작성한 의상 목록을 확인했다. 할아버지와 할머니는 모자를 활용해보고, 특히 선아 외할머니는 아주 예쁘게 만들어달라고 했었다. 선아 아빠는 넥타이와 손목시계, 선아 엄마는 예쁜 치마나 스카프를 만들면 좋겠다고 했다. 의상을 맡은 아이들이 아이디어를 낼 때까지 기다리면 좋았겠지만 처음이라 내가 좀 더 도와주었다. 이렇게 1회기, 80분의 연습이 끝났다. 시간이 너무 짧게 느껴졌다.

의상 팀 : 의상 목록

의상 팀 : 의상 고르기

3. 2회기 연습

(1) 교실에서 리허설하기

시청각실 리허설에 앞서 먼저 교실에서 리허설을 했다. 먼저 팀별로 15분의 연습 시간을 주었다. 아이들은 이미 대사를 다 외웠지만 무대공포증 때문에 극본을 내려놓지 못했다. 자신의 대사를 잊을까 봐 걱정되면 극본을 보면서 하라고 했다.

장면이 자연스럽게 이어지도록 하는 것이 '교실 리허설'의 목표이다. 구체적으로 ① 등장과 퇴장 ② 무대 전환의 순서와 방식 ③ 나와 상대의 움직임을 연습을 통해 몸으로 이해하는 것이다. 교실 무대 양쪽에 의자를 이용하여 대기석을 만들었다. 구역을 명확히 하는 것은 불필요한 다툼을 예방하는 데 도움이 된다. 불필요한 장난을 없애고 진지한 분위기를 조성하는 데도 효과적이다.

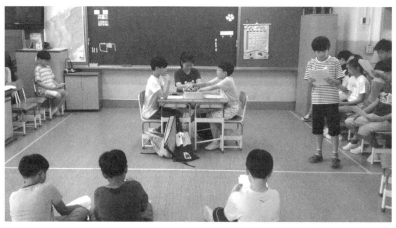

교실 리허설

리허설을 시작했다. 여전히 1팀은 자연스럽지 않았다. 리허설 도중 장면을 멈추고 자기들끼리 의논을 한다거나 어쩔 줄 몰라 하는 상황도 발생했다. 1회기 연습 때 드러났던 문제가 전혀 달라지지 않았다. 결국 1팀은 리허설을 마칠 수 없었다. 웃기는 것에 모든 에너지와 시간을 집중한 나머지 장면은 뒤죽박죽되었고 배우들은 우왕좌왕했다. 몇몇 아이가 웃기는 것에 집착했고 다른 아이들은 그것에 끌려가고 있었다.

그에 반해 2팀은 안정적으로 리허설을 마쳤다. 2팀에서 여기저기 애드립을 넣겠다고 했고 그것을 모두 받아주었다. 친할아버지가 외할머니 부침개를 먹고 인스타그램에 올리는 장면과 다혜 엄마가 다혜에게 음식 먹기 전에 손 씻으라고 하는 장면을 추가했다. 추가된 장면은 관객이 연극을 더욱 자연스럽게 받아들이게 할 것이다.

(2) 시청각실에서 리허설하기

리허설에 앞서 무대 전환을 연습했다. 장소가 병원, 선아네 집, 친할머니 집, 외할머니 집, 다혜네 집, 옥상으로 변하기 때문에 그것에 따라 무대가 바뀌어야 했다. 모든 무대는 큐빅 7개와 천으로 만들었다. 큐빅은 초등학생이 혼자 옮길 수 있는 무게이면서 성인이 앉거나 뛰어도 문제가 없도록 만들었다. 큐빅은 2학기 연극제를 대비하여 4월에 재단한 나무를 주문하여 교원연구동아리(연극) 선생님들이 만든 것을 이용했다.

시청각실 리허설을 하기 전에 무대 전환을 두세 차례 연습했다. 무대 전환은 등장이 적은 다혜, 다혜 엄마, 선아 엄마가 하도록 했다. 무대 전환 팀을 정하지 않고 배우 각자가 자신이 사용했던 의자나 책상을 정리

큐빅(가로×세로×높이 40cm)으로 만든 침대. 병원에서 선아가 누워 있는 장면에 이용했다.

친할머니, 외할머니, 다혜네 집 등 가정집의 식탁

할 경우 역할 분담은 수월하지만 등퇴장이 잦은 배우는 매우 바쁘게 움직여야 한다. 결국 여유가 없어진다. 여유가 없어지면 실수를 하게 되고 실수를 하면 긴장하는 악순환이 거듭되기 때문에 무대 전환은 역할이 적은 배우들이 전담하도록 했다. 무대 뒤에서 잠깐의 등장을 위해 많은 시간을 기다려야 하는 아이들에게 무대 전환을 맡기면 아이들은 더 많은 책임감을 가지게 된다. 그 책임은 부담이나 걱정이 아니라 내가 중요한 역할을 하고 있다는 자부심이 된다.

의상 팀은 무대 뒤에서 배우들이 의상을 갈아입거나 소품을 챙길 때 도와주게 했다. 의상 팀에겐 모든 배우의 의상을 점검하게 했고 배우들이 의상을 갈아입고 나면 그 의상을 정리해 지정된 장소에 보관하게 했다. 배우가 자신의 의상을 정리할 수 있지만 의상 담당에게 그 역할을 부여했다. 배우에겐 마음의 여유를 주면서 동시에 스태프에겐 자신이 중요한 역할을 해내고 있다는 것을 느끼게 해주고 싶었다.

무대 전환 연습이 끝나고 등퇴장 연습을 했다. 처음엔 소란스러웠고 배우들은 자신의 위치를 찾는 것이 쉽지 않았다. 몇 번 연습을 했더니 리허설 시간이 얼마 남지 않았다. 연습이 더 필요했지만 더 이상 할 수 없었다. 아니, 어쩌면 우리는 충분히 연습했다.

리허설의 마지막 단계로 무대 인사를 연습했다. 어디서 나올 것인지, 어떤 순서로 줄을 설 것인지, 인사를 어떻게 할 것인지, 인사를 한 후에 어떻게 퇴장할 것인지 등을 연습한 것이다. 40분은 무대 전환 10분, 등·퇴장 5분, 리허설 20분, 무대 인사 5분 정도로 배분했다.

(3) 스태프의 선택

이 공연에는 스태프가 단 두 곳에서만 필요했다. '의상과 무대 전환'이다. 일반적으로 공연 스태프라 하면 '음향, 조명, 소품'을 떠올린다. 음향과 조명이 더해질수록 연극은 풍성해진다. 그렇지만 나는 음향과 조명을 선택하지 않았다. 첫째, 시청각실에 조명 시설이 없었다. 학교에 투광기가 있었지만 빛의 세기나 각도가 시청각실 공연에 적절치 않았다. 빛의 세기는 너무 약했고 각도는 낮았다. 결국 밝은 형광등 밑에서 하는 것이 더 낫겠다고 판단했다. 둘째, 음향을 맡길 아이가 없었다. 19명 모두 역할이 있었다. 내가 음향을 담당할 수도 있었지만 그러면 리허설이나 공연을 차분히 지켜볼 수 없다. 결국 음향을 빼고 아이들을 지켜보기로 결정했다. 음향과 조명은 필수가 아닌 선택, 즉 있으면 좋고 없어도 괜찮다고 생각했다.

4. 리허설 후 학생 소감

오늘 처음으로 시청각실에서 리허설을 했다. 저번 공연에는 시간이 없어서 리허설을 하지 못해 아쉬웠는데, 이번엔 확실히 퀄리티가 더 높았다. 1팀은 선생님께 많이 혼났다. 처음엔 시간이 부족해 허술한 줄 알았는데 나아지지 않은 걸 보니 성의가 없다고 밖에 보이지 않는다고 지적하셨다. 내가 봐도 1팀은 교실에서 선생님이 했던 조언을 거의 따르지 않았다. 우리 2팀은 비교적 순조로웠다. ○○가 웃긴 드립 몇 개를 쳐서 재미를 더했고 나도 ○○ 드립을 받아 주었다. 연습을 두 번이나 했다. 1팀이 걱정이다. 동정할 마음은 없지만 걱정이 되는 건 어쩔 수 없다.

선아의 쟁반, 유은실 작가님, 만국기 소년. 난 한 달 내내 이 명사들과 관련된 일만 보고 듣고 씹고 뜯고 맛보고 즐겼다. 선아의 쟁반으로 공연을 한 적이 있다. 우리 반에서 2, 3반을 초대해서 한 조촐한 공연이었지만 이젠 다르다. 5, 6학년 모두 모여 시청각실에서 하는 공연이라 연습에 4교시를 투자했다. 물러날 길은 없다! 연습만이 살 길이다. 무대울렁증이 있지만 이번만큼은 철저히 준비했다. 연습도 많이 하고 창피함을 없애려고 산에서 소리를 지르기도 했다. 한 줄밖에 없던 대사가 애드리브 때문에 5~6줄 정도로 늘었다. 공연 이틀 전 내 역할이 추가되어 부담스럽지만 이겨내야만 한다. 글을 쓰는 지금도 떨린다. 아!!! 소리를 질러봐도 떨림이 가라앉지 않는다. 지금까지 선아의 쟁반을 보고 듣고 씹고 뜯고 맛보고 즐긴 만큼 잘해내야 한다. 5학년 1반 친구들도 다 같은 생각이겠지? 선생님, 5학년 1반 아이들에게 응원 한 말씀 부탁드립니다.

5. 최종 점검

나중에 든 생각이지만 1팀은 옆에서 적극적으로 봐줘야 연습을 할 수 있는 아이들이 많았다. 그때 이 사실을 깨달았다면 부드럽게 상황을 풀어나갔을 텐데 1팀 아이들에게 조금 미안했다. 독서캠프 날 아침, 1팀에게 기회를 주기 위해 오전에 한 번 더 리허설을 했다. 1팀은 달라져 있었다. 웃기려고 억지 장면을 만들지 않고 안정적으로 장면을 이어갔다. 그 순간 기쁘면서도 좀 더 일찍 안정적으로 장면을 만들었다면 하는 아쉬움도 들었다.

리허설을 마쳤다. 이제 모든 준비는 끝났다. 5, 6학년이 시청각실에 들어왔고 유은실 작가가 자리에 앉았다. 곧바로 공연이 시작됐다.

6. 공연을 마치고

5, 6학년 4개 반을 대상으로 시청각실에서 공연한다는 것. 아이들이 일상에서 경험하기 힘든 특별한 도전이다. 수많은 눈빛, 넓은 공간, 낯선 무대가 주는 부담감을 견디면서 '소리를 정확히 내야 하고' '등 · 퇴장이 잘 맞아야 하고' '주어진 시간 안에 무대가 전환되어야 하고' '연기는 자연스러워야 하고' '소품을 잘 챙겨야 하고' 등등 넘어야 할 과제가 많은 도전이다. 이러한 도전을 무사히 마쳐 기분이 너무 좋았다. 공연을 관람한 유은실 작가를 포함하여 우리 모두에게 좋은 추억을 선물했다고 자부했다.

공연을 마친 후 공연 소감은 나누지 않았다. 이미 여러 번 해서 더 반복하면 소감을 강요하는 것 같았기 때문이다. 다만, 독서캠프 날이니 독서캠프에 대한 소감을 과제로 제시했다.

[극본]

선아의 쟁반[8]

- 때: 선아가 태어날 때부터 아홉 살 때까지
- 곳: 초원아파트(선아가 사는 아파트)
- 등장인물 : 해설, 친할머니, 친할아버지, 외할머니, 선아 엄마, 선아 아빠, 선아, 다혜 엄마, 다혜

1장 금쪽같은 손녀

해설 선아가 태어나자 친할머니와 외할머니가 다 같이 초원아파트에 살게 되었습니다. 친할머니네는 203호, 외할머니네는 403호, 선아네는 304호입니다. 선아가 태어날 때 친할머니와 외할머니는 기쁨의 눈물을 흘렸습니다.

친할머니 (웃으며) 세상에! 이렇게 이쁜 애가 있다니.
외할머니 (활짝 웃으며) 세상에 하나밖에 없는 금쪽 같은 손녀가 태어났네.

---

8) 1장을 제외한 극본은 학생들이 작성한 것으로 적절하지 않은 표현과 극본에 맞지 않는 형식이 있지만 오타를 제외하고는 특별히 수정하지 않았다. 아이들이 했던 작업을 있는 그대로 보여주고 싶었다.

친할머니 아이고, 우리 아가 트림하는 것도 귀엽네.

외할머니 (친할머니의 손을 잡으며) 이 새카만 눈동자 좀 보세요.

해설 할머니들은 선아가 참으로 사랑스러웠습니다. 직장에 다니는 엄마 아빠를 대신해서 선아를 키워주고 싶었습니다.

엄마 (걱정하며) 시어머니는 신경통 때문에 애 봐주기 힘드실 텐데.

아빠 당신 어머니는 바깥일 하던 분이라 애만 보면 답답하실 텐데.

엄마 오래 봐주시면 힘들어서 두 분 중에 한 분이 포기하시지 않을까?

아빠 그럼, 월요일부터 수요일까진 403호 외할머니 집에, 목요일부터 토요일까진 203호 친할머니집에 보내야겠어.

엄마 (적극적으로 찬성하며) 좋아요. 그렇게 해요.

해설 처음 한 달은 평화로웠습니다. 친할머니는 사흘을 쉴 수 있어서 신경통이 심해지지 않았고, 외할머니는 쉬는 사흘 동안 바깥일을 볼 수 있었습니다. 하지만 선아가 감기에 걸린 다음부터 평화가 깨지기 시작했습니다.

외할머니 (걱정하며) 애를 꽁꽁 싸매서 키우니까 그래. 땀이 식으면서 감기에 걸린 거라고. 수요일까지는 멀쩡하게 잘 놀던 애야.

친할머니 (답답해하며) 백일도 안 된 애를 자꾸 춥게 풀어놓으니 병이 나지. 목요일에 받을 때부터 애가 보채더라고.

해설 엄마 아빠는 고민에 빠졌습니다. 심각하게 고민에 빠졌습니다.

엄마 (손뼉을 치며) 그래! 오전에는 선아를 꽁꽁 싸매놓고.
아빠 오후에는 땀 흘리지 않게 풀어놓고.
엄마 저녁에는 다시 꽁꽁 싸매놓고.
아빠 (힘차게) 밤에는 땀 흘리지 않게 풀어놓자.

해설 그런데 이게 전부가 아니었습니다.

외할머니 우리 아가는 열이 많아서 발로 열을 빼야 건강해!
친할머니 무슨 소리야! 여자는 자고로 발이 따뜻해야 돼.
외할머니 여자는 아이건 할머니건 예뻐야 한다.
친할머니 예쁜 옷만 입다가 애가 바람 들어서 공부 안 하면 어쩔 거야? 노인네가 주책 맞게!

2장 엄마의 뼛골

해설 다섯 살이 된 선아는 친할머니에게 궁금한 것을 또박또박 물어보았습니다.

선아 (궁금한 표정으로) 할머니, 뼛골이 빠지면 어떻게 끼워요?

친할머니 그게 무슨 소리야?

선아 우리 엄마 뼛골이 빠졌거든요.

친할머니 (놀라며) 니 엄마 뼛골이 왜 빠져?

선아 아빠 때문에 뼛골이 빠지게 일해서요.

친할머니 (버럭 소리를 지르며) 누가 그래!

선아 (당황하며) 외, 외할머니가요.

해설 친할머니는 아들이 돈을 조금밖에 못 벌고 빚까지 져서 자존심이 상했습니다.

친할머니 (혼잣말로) 남편 있고 아들 있는 내가 참아야지. 사층 노인네, 양반 사돈 만난 걸 다행으로 알아!

외할머니 (머리를 긁적이며) 누가 내 얘기하나?

해설 친할머니는 가까스로 화를 눌렀지만 그날따라 선아의 행동이 마음에 들지 않았습니다.

친할머니 (화를 내며) 왜 잘생긴 아비 귀를 못 닮고, 지 외할머니 귀 같은 걸 달고 나와? 휴지 좀 아껴 써! 누굴 닮아서 물건 귀한 줄을 모르는 거야? 밥 말아서 푹푹 퍼먹어! 건더기 남기면 혼날 줄 알아!

선아 (혼잣말로 울먹이며) 내가 그렇게 잘못한 거야?

해설 선아는 억지로 된장국 건더기를 먹으며 울먹였습니다. 또 휴지 한 장으로 땀도 닦고 눈물도 닦고 코도 풀어야 했습니다.

3장 눈치

해설 선아가 다섯 살이 되었습니다.

선아 (목소리 크게) 할머니 외할머니 배고파요!

외할머니 우리 금쪽같은 손녀 왔냐! 그런데 목소리가 왜 이리 크
니?

선아 외할머니 죄송해요.

외할머니 알았으면 됐다. 밥이나 먹어.

선아 후루룩, 쩝, 맛있다. 아, 시원하다. 캬~.

외할머니 이놈의 새끼가 왜 이리 예의 없게 행동해!!!!

선아 죄송해요.

해설 목요일이 되어서 친할머니 댁에 갔습니다.

선아 할머니 선아 왔어요.

친할머니 선아야, 뭐 잘못 먹었니?

해설 선아는 평소와 다르게 여성스럽게 행동해서 친할머니는 화
가 많이 났어요.

친할머니 선아야, 왜 이리 깨작깨작 먹어! 인생은 한 번이라서 시

원하게 살아야 해!

선아 죄송해요. 외할머니가 이렇게 가르쳤어요.

해설 일곱 살 선아는 할머니들 때문에 점점 눈치가 생기기 시작했어요.

선아 외할머니, 저 왔어요.

외할머니 그래 그래. 어서 밥 먹으렴.

선아 네, 할머니.

해설 목요일이 되어 친할머니 댁에 갔어요.

선아 할머니. 저 왔어요. 할머니 너무너무 배가 고파요.

친할머니 그래 밥 먹자.

선아 아따, 맛있구먼, 캬~.

4장 해물파전 지옥

해설 어느 목요일 오후 초원아파트 102동 203호 거실에서 친할머니, 친할아버지, 선아는 해물파전을 손으로 뜯어먹고 있었습니다.

친할아버지 여보, 이거 4층 사돈 좀 갖다 드리지 그래.

친할머니 그러지 뭐.

해설　하고 대답한 게 부침개 사건의 시작이었습니다.

친할머니　선아야, 이거 외할머니 갖다 드려라. 따뜻할 때 드시라
　　　　고 해.
선아　예, 할머니.

해설　부침개를 떨어뜨릴까 봐 선아는 조심조심 계단을 올라갔습
　　　니다.

선아　외할머니, 이거 할머니가 갖다 드리래요.
외할머니　왜?
선아　따뜻할 때 드시라고요.
외할머니　웬일이니, 그 할망구가?

해설　그러고는 젓가락으로 부침개 한 조각을 집어 먹었습니다.

외할머니　이게 맛있니? (잠깐 쉬고) 맛있냐니까?
선아　네….
외할머니　내가 해물파전이 뭔지 제대로 보여줘야겠군.

해설　외할머니는 그 다음날부터 해물파전 만들기에 들어갔습니
　　　다. 외할머니는 새로운 방법으로 전을 부칠 때마다 꼭 맛을
　　　보라고 했습니다. 그래서 선아는 해물파전을 다시는 먹고
　　　싶지 않았습니다. 4일 후.

외할머니 선아야, 이거 친할머니 갖다 드려라.

선아 네, 할머니. 외할머니가 이거 갖다 드리래요.

친할머니 아파트가 떠나가게 기름 냄새 풍겨놓고서는 어디 얼마
나 맛있는지 보자.

해설 친할머니는 얼굴이 점점 굳어갔습니다. 선아가 친할머니가
만든 해물파전보다 더 맛있게 한 접시를 비워버렸기 때문입
니다.

5장 부침개 심부름

친할머니 (살인미소를 날리며) 선아야, 해물파전이 좋니, 녹두전이
좋니?

선아 (떨면서, 더듬으면서) 녹두전이요.

해설 사실 선아는 녹두전을 좋아하지 않았습니다. 그래도 해물
파전보다 10000배는 더 나았습니다.

친할머니 (주먹을 불끈 쥐면서) 녹두전은 몸에 있는 독기를 빼준단
다.

해설 할머니는 재료를 사서 녹두전을 만들었습니다.

친할머니 (자신만만한 표정으로) 녹두전은 고사리랑 숙주나물을 맛있게 해서 넣어야 해. 아이고, 다 만들었다. 선아야, 이 전을 4층 할망구에게 전해주거라.

선아 (한숨을 쉬며) 네.

해설 아홉 살 선아가 쟁반을 들고 올라가는 건 아홉 살 선아가 면허증을 따는 것만큼 어려웠습니다.

선아 (초인종을 누르며) 외할머니, 할머니가 전 잡수시래요.

외할머니 2층 할망구가 웬 전?

선아 녹두전을 먹으면 독기가 빠진대요.

해설 그래서 4층 할망구는 투덜대면서 맛있게 전을 먹었답니다.

6장 선아의 일탈

해설 선아는 403호에서 나와 자기 집 쪽으로 걸어갔습니다. 선아는 엄마 아빠 집에 들어가 엄마에게 전화를 걸었습니다.

선아 엄마.

엄마 왜?

선아 외할머니가 또 부침개 심부름 시켰어. 엄마, 나 이제 부침개 싫어.

엄마 선아야, 할머니 말씀 잘 듣는 선아가 돼줘. 엄마 바빠서 전화 오래 못해, 끊어.

해설   선아는 문밖으로 씩씩대며 나갔습니다. 선아는 5층으로 올라갔습니다. 그리고 504호 다혜네 집 벨을 눌렀습니다.

다혜   어? 누구세요? 선아구나! 반갑다!

선아   너 해물파전 먹을래? 오징어가 많이 들어갔어.

다혜   할머니가 나 주라고 하셨어?

선아   (끄덕끄덕) 응.

다혜   들어와. 같이 먹자.

선아   (들어간다.) 그래.

해설   다혜네 가족들은 해물파전을 맛있게 먹었습니다.

다혜맘   선아야, 너도 같이 먹지 않을래?

선아   전 많이 먹고 왔어요.

다혜맘   빈 접시로 드려서 어떡하니? 할머니한테 고맙다고 전해줘.

해설   선아는 다혜네 집에서 나와 쟁반과 접시를 옥상에 쑤셔넣고 아파트 사는 사람이 출동해서 찾아낼 때까지 옥상에서 잠을 잤습니다. 자는 선아의 머리카락이 봄 햇살을 받아 탐스럽게 빛났습니다.

끝.

3장

점심시간
연극제 만들기

· 대상	서울 Y초등학교 5학년 25명
· 일시	2018년 6월 25일~7월 13일(14차시)
· 지도 교사	이동석
· 수업 목표	1. 극본의 특징을 이해하고 경험했던 일을 극화할 수 있다.
	2. 우리 반 아이들과 함께 연극을 하며 친구가 느낀 감정에 대해 공감할 수 있다.
	3. 연극 홍보를 위한 홍보물을 제작할 수 있다.
· 수업시간	총 14차시

차시	학습목표
1 2	극본의 특징을 이해하고 경험했던 일을 극본으로 표현할 수 있다.
3	연극놀이를 하며 극적 표현을 할 수 있다.
4	장면 만들기를 위한 즉흥 표현을 할 수 있다.
5	연극 공연을 위한 캐스팅에 적극적으로 참여할 수 있다.
6 7 8	연기할 때 주의할 점을 알고 장면 만들기 과정에 적극적으로 참여할 수 있다.
9 10	연극 공연 홍보를 위한 홍보물을 제작할 수 있다.
11	무대 설치
12 13	연극 공연을 위한 리허설에 적극적으로 참여할 수 있다.
14	연극을 공연하기까지의 과정을 성찰하고 소감을 나눌 수 있다.

· 관련 과목	국어 5-1 12. 문학에서 찾는 즐거움
	도덕 5 2. 감정, 내 안의 소중한 친구
	미술 5 10. 디자인과 생활(광고 만들기)

교사도, 아이들도
즐거운 연극

초등학생에게 연극의 경험을 선물하는 것은 분명 멋지고 의미 있는 일이다. 실제로 많은 초등학생이 연극을 하고 싶어 하고, 연극 공연을 초등학교 생활에서 가장 인상 깊었던 일로 기억한다. 숱한 어려움이 있지만 연극 수업은 분명 도전해볼 만한 가치가 있는 일이다. 그럼에도 많은 선생님이 선뜻 연극 수업을 실행하지 못하는데, 아이들을 무대에 세우려면 복잡하고 번거로운 일이 많기 때문이다.

초등학교에서 연극을 만드는 작업에는 연극을 가르치는 일뿐 아니라 행정 업무도 포함된다. 연극부원 모집부터 극본 선정, 캐스팅, 연기 지도, 무대 꾸미기, 조명 점검, 음향 선택, 의상, 분장, 공연 홍보, 공문 기안과 품의 작성, 캠코더 촬영, 관객 입·퇴장 안내, 배우 식사와 간식 챙기기까지 할 일이 차고 넘친다. 보통 연극이라면 전문 스태프가 처리할 수많은 일이 학교 현장에서는 교사 혼자만의 일이 되어버린다.

교사가 할 일은 아이들에게 연극이란 예술이 얼마나 멋지고 흥미로운 일인지 가르치고 경험하게 해주는 일에 그쳐야 한다. 하지만 돌아보니 나는 그렇지 못했다. 완성도에 대한 욕심으로 전교에서 예닐곱 명만 선발해 그 아이들에게 연기를 가르쳐가며 공연을 올렸다. 업무 시간을 쪼개 공연을 준비하니 퇴근 시간도 늦고 피로해졌다. 신경이 곤두서니 연극부원에게는 물론 애꿎은 학급 아이들에게도 짜증이 늘었다. 공연 후의 보람과 성취감을 기약하며 열정을 쏟았지만 뿌듯함은 잠깐이었다. 일상으로 돌아온 첫날, 나는 잠시 소홀히 했던 교사와 공무원으로서의 본분을 다하기 위해 연극에 매달리느라 미뤄놓은 업무를 처리하고, 어수선해진 교실 분위기를 다잡기 위해서 다시 많은 시간과 노력을 들여야 했다.

교사가 지치지 않는 연극을 위한 다섯 가지 원칙

시간이 지나 시행착오를 복기하니 내 수업 방법에는 근본적인 문제가 있었다. 오랜 고민 끝에 다섯 가지 원칙을 세웠고, 우리 반 스물다섯 명과 함께 실천했다. 결과는 대만족이었다. 나도 아이들도 즐겁게 연극을 했고, 여유도 얻을 수 있었다. 이제 그 비결을 공유하고자 한다.

첫째, 반 교실에서 연습하고 공연한다

연극부원을 따로 모집하지 않았다. 연극부원을 뽑지 않으니 그와 관련된 행정 업무도 덜 수 있다. 소강당에서 공연을 하면 과정이 매우 번거롭다. 우선 학교장님 결재를 받아야 한다. 결재만 얻는 것이 아니다. 기대와 주목도 얻게 된다(이쯤 설명하면 선생님들은 단번에 이해할 것이다.). 매번 교실에서 소강당으로 이동해야 하는 등 시간과 동선 낭비도 심하다. 하지만 공연장을 교실로 정하면 많은 것이 해결된다. 연극 수업을 해보고 싶지만 주목과 기대가 부담스러워 주저하는 교사도 부담 없이 실행할 수 있다.

둘째, 극본 작업에 아이들을 참여시킨다

반 아이들 모두 연극에 참여하기 때문에 특정 극본에 맞게 배우 수를 조정할 수 없다. 거꾸로 반 학생 수에 걸맞은 극본을 선정하는 것 또한 굉장히 어렵다. 반 아이들 전원이 출연하면서도 학교에서 공연할 만한 극본은 찾기 힘들다. 설령 그러한 극본을 만들려고 해도 며칠에서 길게는 몇 주까지 기나긴 창작과 각색 작업을 거쳐야 한다. 이 과정만 없어도 연극 지도 업무의 3할을 덜 수 있다. 아이들이 만든 극본은 아이들 말로 쓰이기 때문에 친근하고 외우기도 쉽다. 그리고 학생들이 이야기를 꾸미는 과정에 직접 참여하여 상상력과 문학적 표현력을 발휘할 수 있다. 모둠별로 서로 다른 이야기로 극본을 만들고 교사가 각색을 곁들이면 여러 편의 극본을 쉽고 빠르게 만들 수 있다.

셋째, 짧은 연극을 여러 개 공연한다

짧은 연극은 대사를 모두 합쳐도 A4 용지 두 페이지를 넘지 않는다. 짧은 극본은 장점이 많은데, 그중 하나는 아이들이 극본을 쓰고 외우는 시간을 줄여주며 연기 지도가 한층 수월해진다는 점이다. 공연 시간도 짧아져 공연할 수 있는 시간대가 다양해진다. 이는 중간놀이 시간에도,

점심시간에도 할 수 있다는 의미이다. 방과 후에 따로 시간을 내지 않아도 된다는 말이기도 하다. 반대로 방과 후 공연은 아이들의 방과 후 수업이나 학원 시간과 겹치고 교사의 업무 시간을 빼앗기 때문에 효율적이라고 하기 어렵다.

한 연극당 5~6명이 출연하는 극본을 여러 편 써서 매일 한 편씩 공연하면 모든 아이가 배우를 경험하게 된다. 또 매일 다양한 연극이 펼쳐지는 연극제는 축제 같은 기분을 느끼게 한다. 아이들은 자신의 공연을 기다리며 다른 팀의 공연도 즐길 수 있다.

넷째, 아이들은 모두 하나 이상의 배역을 맡는다

우리 교실에서는 관객 앞에서 연기하는 게 부담스럽다는 이유로 배우에서 제외하지 않았다. 배우에서 빠지는 아이가 생기면 위화감이 조성될 수 있기 때문이다. 한 번 예외를 허용하면, 연습 도중 다양한 핑계로 배우에서 이탈하는 아이들을 막기 힘들기 때문에 모든 학생에게 배우를 맡기는 것이 좋다. 정말 자신이 없다고 하는 아이에겐 대사가 없고 출연 시간이 짧은 작은 배역을 맡기면 된다. 이렇게 하면 해당 학생이 연극 수업 중에 겉돌지 않고, 이 연극에 자신이 기여하고 있다는 마음으로 수업에 임할 수 있다.

다섯째, 창의적 체험 활동이 아닌 교과 수업시간으로 가르친다

연극 수업을 창체 시간이 아니라 교과 수업시간을 통해 진행한 것은 두 가지 이유에서다. 우선 아이들이 연극을 바라보는 자세를 좀 더 진지하게 만들고, 해당 교과 수행평가와 연계하면 연극 수업으로 생기는 진도 문제와 수행평가 공백을 손쉽게 해결할 수 있다.

나는 연극 수업시간을 '노는 시간'으로 생각해선 안 된다고 아이들에게 당부했다. 연극 활동은 극본을 '읽고', 정확한 '문법'에 맞춰 '쓰고' '말하고' '듣는' 재구성이 가능한 국어 수업이다. 연극 내용 중에 관련 성취 기준이 있다면 수학, 과학, 사회 등 해당 교과 수업시간과 통합·재구성해 수업할 수 있다. 종합예술인 연극은 예체능 교과와도 잘 어울린다. 이렇듯 교과 수업으로 연극을 가르치고 공연을 준비하면 수행평가와 연계하여 교육과정을 더욱 효율적이고 융통성 있게 운영할 수 있다.

이 다섯 가지 원칙은 작품성이 뛰어나거나 관객 만족도가 높은 공연을 올리는 것과는 직접적인 상관이 없다. 하지만 수업을 운영하는 선생님의 스트레스와 부담을 최소화하여 처음부터 끝까지 아이들과 즐겁게 연극할 수 있을 것이다.

소소함
점심시간 연극제

처음에는 쉬는 시간에 연극을 하는 게 어떨까 생각했다. 짧은 연극이니 쉬는 시간에도 가능하지 않을까 하는 이유에서였다. 하지만 다음 수업에 방해가 되는 등 여러 단점이 발견되어 점심시간에 공연을 하기로 하고, 네 팀이 매일 다른 연극을 공연하니 연극제라 부르기로 했다. 그리고 우리 반 별칭인 '소소함'을 붙여 '소소함 점심시간 연극제'라고 이름 짓고 극본 선정부터 공연까지 총 14차시의 수업 과정안을 작성하여 운영하였다.

수업 계획

'소소함 점심시간 연극제'를 위해 14차시로 수업을 계획했다.

초기 계획은 3차시에 계획된 극적 표현을 연극 지도 활동의 첫 차시로 시작하려 했으나 연극을 만들어보자는 말에 흥분한 아이들이 즉흥적으로 극본을 선정하고 만드는 바람에 극본 만들기로 1, 2차시를 시작하게 되었다. 이후 극적 표현을 배우는 시간에는 소품과 몸짓을 이용한 감정 표현하기, 정지 장면 만들어보기, 음악에 따른 움직임 표현하기, 소품으로 창의적인 몸짓 만들기 등 극적 표현을 배워 연극에 대한 감각을 익혔다. 이후에는 극본을 바탕으로 장면을 만드는 시간을 세 차시 정도 두었다. 관객인 친구들에게 우리의 연극을 알리는 일은 필수이다. 홍보물 제작 시간도 미술시간과 통합해 두 차시를 두었다. 12~13차시에는 리허설, 14차시는 연극 후 과정을 되돌아보고 소감문을 작성하는 시간으로 구성했다.

1~2차시
극본 만들기

1. 수업 과정안

일시	2018년 6월 25일(월) 5 · 6교시	대상(장소)	교실
학습 목표	극본의 특징을 이해하고 경험했던 일을 극본으로 표현할 수 있다.	차시	1, 2/14
단계	학습 내용	교수학습 활동	자료 및 유의점
도입	동기 유발하기 (5분)	연극 기획하기 • 선생님과 함께 연극 수업을 하면서 기대하는 것이 무엇인지 이야기해 봅시다. (대사가 많은 역할을 해보고 싶습니다./친구들 에게 내가 만든 연극을 보여주고 싶습니다.) • 다른 반 친구들에게도 보여주는 것에 대해 어 떻게 생각하나요? (조금 부끄럽지만 재밌을 것 같습니다.)	※ 연극 공 연을 한다면 관객을 우리 반에 한정할 지, 다른 반 친구들까지 확대할지 아 이들과 충분 히 소통해야 한다.

	극본 읽기 (10분)	극본의 특징을 이해하고 극본 쓰기 • 연극 공연을 위해서는 극본이 필요하고 필요한 극본을 쓰기 위해서는 극본의 특징에 대해 이해해야 합니다. 선생님과 함께 극본을 읽어봅시다. • 다른 형식의 글과 달리 극본에는 어떤 특징이 있나요? (연극을 하기 위해서 만들어졌습니다./때와 장소가 구체적으로 제시됩니다./지문이 있습니다.)	• 때, 곳, 지문이 분명하게 드러나는 짧은 희곡
전개	극본 쓰기 (60분)	극본으로 만들 이야기 정하기 • 짧은 극본을 쓰기 위해서 어떤 이야기를 극화할지 토의해봅시다. (우리 반에서 있었던 사건에 대해 쓰면 좋을 것 같습니다.) • 우리 반에서 있었던 사건 중 인상 깊었던 일을 이야기해봅시다. (친구들끼리 사소한 일로 싸우다가 선생님께 혼났던 일을 극본으로 쓰면 재밌을 것 같습니다./지난번에 다른 반 친구들과 체육을 같이 했던 일을 쓰면 재밌을 것 같습니다.) • 극본의 특징을 생각하며 있었던 일을 극본으로 나타내봅시다. 모둠을 지어 극본을 써보고 다 쓴 모둠은 칠판에 먼저 게시하세요.	• A3 용지 (모둠당 1장) ※ 아이들이 쓰고 싶은 주제별로 모둠을 짓고 극본을 함께 쓴다.
정리	소감 나누기 (5분)	정리 및 소감 • 친구들과 함께 극본을 써본 소감을 이야기해봅시다. (친구들과 함께 쓰니까 더 재밌었습니다./우리가 쓴 이야기로 연극을 한다고 생각하니 기대됩니다.)	

2. 수업 풍경

극본 만들기로 연극 수업을 시작했다. 이 시간에는 자신이 실제로 겪었던 사건 중 '대박 사건'을 쓰게 했다. 아이들에게 다짜고짜 너희 이야기로 극본을 써오라고 하면 일주일이 지나도 좋은 극본이 나오기 힘들다. 아이들에겐 무엇보다 동기가 필요하다. 그래서 이렇게 이야기했다.

선생님 얘들아. 7월에 우리 연극 한번 해보는 거 어때?

아이들 우와! 좋아요.

선생님 되게 짧은 연극을 할 거야. 점심시간에 공연을 하고 다른 반 친구들도 초대할 거야.

아이들 어떻게 해요, 그걸?

선생님 방법이 있지. 그런데 연극을 올리려면 극본이 필요해. 우리 반에서 일어났던 소동으로 극본을 만들면 어떨까? 길게는 쓰지 말고.

아이들 우와! 대박!

선생님 그럼 한 가지씩 이야기해보자. 우리 반 대박 사건.

아이들은 자신이 직접 겪은 이야기를 연극으로 만든다고 하니 신이 났다. 나는 한글 프로그램을 켜고 아이들이 모두 볼 수 있도록 컴퓨터와 연결된 텔레비전을 틀었다. 다들 이번 학기 동안 우리 반에서 있었던 대박 사건을 이야기했고 나는 아이들의 공감을 많이 얻었던 사건들을 기록했다. 한 아이가 어떤 사건을 말하면 "맞아 맞아! 그랬어!"라는 맞장구가 이어졌고 10여 분 후 네 가지 사건이 후보에 올랐다. 그다음 아이들은 각자 쓰고 싶은 이야기별로 모여 극본을 썼다.

내가 그 극본들을 얻기 위해 애쓴 건 없었다. 다만 아이들에게 적절한 발문과 시간을 주고 A3 용지 5장을 나눠줬을 뿐이다. 아이들은 시간 가는 줄도 모르고, 아니 시간 가는 걸 아까워하면서 5교시에 시작한 극본 쓰기를 6교시까지 이어가게 해달라고 졸랐다. 나는 못 이기는 척 승낙했다.

모둠은 쓰고 싶은 주제별로 자유롭게 쓰도록 했다. 다른 이야기에는 4~5명이 모였는데 〈팩트만 말하는 거야〉는 9명이 몰려서 다시 두 모둠으로 나누었다. 공교롭게도 그 사건에 대한 관점이 매우 달라 두 극본을 합쳐서 하나의 이야기로 구성할 수 있었다. 〈합동 피구〉는 지원자가 1명이었다. 조금 외로웠겠지만 다른 친구의 방해 없이 혼자 이야기를 자유롭게 풀어나가니 그것 또한 장점이 되었다. 이렇게 해서 네 편의 극본을 얻었다. 극본은 이 장의 끝에 수록했다.

〈팩트만 말하는 거야〉

아이들이 지은 제목은 '다 지나간 이야기'였는데 각색을 거치면서 아이들이 서로 자기주장이 맞다며 말하는 대사 '팩트만 말하는 거야'를 반복해서 넣었더니 무척 재밌는 극본이 나왔다. 그래서 이 대사를 제목으로 정했다. 이 연극은 학급에서 일부 아이들이 서클을 만들려다가 선생님에게 혼난 사건에 대해 이야기하다 아이들이 둘로 나뉘어 말다툼을 벌였던 사건을 다루었다.

〈합동 피구〉

처음 제목은 '틴트는 죄가 아니야'였다. 합동 피구와는 아무 상관없는 틴트로 인해 벌어진 아이들의 사소한 시비와 기싸움을 의도적으로 숨기기 위해 '틴트'를 제목에 넣지 않기로 했다. 합동 피구 시간에 한 여자아이의 입술에 묻은 틴트를 다른 반 아이들이 흉보는 이야기이다.

〈장난 고백〉

원래 제목은 '장난 고백? 아님 진심?'이었다. 장난 고백이라는 제목만으로 충분히 관객의 관심을 끌 제목이라 생각해 제목을 줄였다. 액체괴물을 가지고 수다를 떨다 즉흥적으로 좋아하는 남자아이에게 고백을 하지만 장난처럼 받아들여진다.

〈4월, 그리고 I3일의 금요일〉

원래 제목은 '13일의 금요일'이었다. 이 소동이 실제로 13일의 금요일에 일어났고 현장체험학습이 있던 4월이라 각색 과정에서 제목을 수정했다. 평화롭던 점심시간에 각자 다른 이유로 교실이 울음바다가 된 이야기가 담겨 있다.

아이들이 완성한 극본을 바로 쓸 수는 없다. 귀한 원석도 세공을 거쳐야 제 가치를 인정받듯 아이들의 극본도 적절한 각색과 편집이 필요하다. 아이들에게 이 일을 맡기면 금세 연극에 질릴 수 있어 직접 했다. 극적인 요소를 추가하고 흩어져 있던 사건의 조각들을 기승전결이 있는 이야기로 재구성했다. 나도 담임으로서 이 사건을 알고 있었기에 수월하게 각색할 수 있었다.

3. 수업 조언

국어 수업으로 연극을 처음 접한다면 대본 쓰는 활동으로 시작하는 것이 수월하다. 희곡의 특징을 이해하고 극본을 직접 써보는 것은 아이들이 연극을 경험하기 위한 디딤돌 역할을 한다.

연극 수업을 하고자 한다면 구체적인 계획과 함께 느긋함을 가지는 게 좋다. 또 공연에 대한 구체적인 복안을 가지고 수업을 시작해야 아이들의 다양한 요구에도 중심을 잡을 수 있다. 아이들의 의견을 들어주되 무리한 요구는 들어줄 수 없는 이유를 설명할 논리도 갖춘다면 유연하면서도 방향을 잃지 않고 수업을 진행할 수 있다.

첫 수업은 극본을 정하는 중요한 시간이다. 아이들이 '우리 반 대박 사건'을 이야기할 때는 일단 경청하자. 소란스러운 게 정상이고 아이들 이야기가 많아지는 만큼 쓸 거리가 많아지니 아이들의 수다를 즐기자. 네다섯 가지 이야기가 정해지는 대로 모둠을 정해서 A3 용지를 모둠당 한 장씩 나누어주고 결과물을 받는다. 이때 얻은 결과물은 공연에는 적당하지 않을 가능성이 높으니 교사의 각색과 편집이 필요하다.

3차시
연극놀이로 극적 표현 익히기

1. 수업 과정안

일시	2018년 6월 26일(화) 1교시	대상(장소)	교실
학습 목표	연극놀이를 하며 극적 표현을 할 수 있다.	차시	3/14

단계	학습 내용	교수학습 활동	자료 및 유의점
도입	동기 유발하기 (5분)	**전시 학습 상기** • 지난 연극 수업시간에 무엇을 했나요? (극본의 특징을 알아보았습니다./경험했던 일 을 극본으로 썼습니다.) • 이번 시간에는 연극놀이를 하며 극적 표현에 대해서 배우겠습니다. **해설이 있는 마임(10분)** • 선생님의 해설에 따라 감정을 표현해봅시다. 다 같이 동시에 표현하는 겁니다.	※ 연극놀이 를 하면 이 후 장면 만 들기 수업에 서 표현이 더 풍부해질 수 있다.

		선생님이 제시하는 상황을 한 문장마다 정지 장면으로 표현하세요. 어젯밤 축구를 보던 사람들/후반 45분 우리나라 대표팀이 멕시코 대표팀에게 2대 0으로 지고 있습니다./이재성 선수가 이승우 선수에게 패스. 이승우 선수가 멕시코 진영까지 공을 몰고 가고 있습니다./이승우 선수가 손흥민 선수에게 패스합니다./손흥민 선수가 멕시코 수비수 2명을 제쳤습니다./손흥민 선수가 슛을 합니다./손흥민 선수가 찬 공이 골대 안으로 들어갔습니다. 골입니다!	※ 아무것도 주어지지 않은 상태에서 감정 표현을 하라고 주문하면 아이들이 어색해하거나 연극적 표현을 어려워할 수 있으므로 교사가 한 문장씩 상황을 제시한다.
전개	극적 표현 익히기 (30분)	사물을 활용해 경험 표현하기(10분) • 선생님과 함께 신문지 1장으로 할 수 있는 행동들을 생각하여 연극적으로 표현해봅시다. (신문지를 말아 야구방망이처럼 사용한다./망원경처럼 사용한다./구겨서 축구공으로 만든다./드러누워 낮잠을 잔다.) 음악에 맞추어 걸어보기(10분) • 선생님이 음악을 들려주겠습니다. 여러분은 음악에 따른 몸짓을 보여주며 교실을 걸어보세요. • 음악을 들으면서 걸었던 소감을 이야기해봅시다. (차분한 음악에서는 느리게 걷게 되고, 격정적인 음악에서는 빠르게 걷게 됩니다./음악에 따라 움직임을 표현하는 것이 재미있었습니다.)	음악(드뷔시의 〈달빛〉, 드보르작의 〈유모레스크〉, 림스키 코르사코프의 〈왕벌의비행〉) ※ 교실을 걸어다니면서 다른 친구의 신체를 건드리지 않도록 유의한다.
정리	정리 하기 (5분)	정리 및 소감 • 수업 소감을 이야기해봅시다. (연극적인 표현을 배울 수 있고 친구들과 함께 표현해서 좋았습니다./연극을 만들 때 써먹고 싶습니다.) • 다음 시간에는 경험을 연극으로 표현하는 법을 배우겠습니다.	

2. 수업 풍경

이 시간에는 연극놀이를 통해 극적 표현 활동을 배우고 익혔다. 책상을 모두 뒤에 붙이고 둥글게 서서 수업을 시작했다. 초반에는 어수선했지만 활동을 안내하면서 차차 진정되었고 아이들은 적극적으로 참여했다. 하지만 몇 번 주의를 주어도 친구와 이야기하는 등 활동에 방해가 되는 아이에게는 타임아웃(10분간 뒤에 서 있기)을 주었다.

아이들이 가장 좋아했던 활동은 '해설이 있는 마임'이었다. 2018 월드컵 멕시코전에서 손흥민의 골 장면을 본 사람들의 감정을 표현하는 활동이었는데, 각 문장에 따라 다 같이 표현하도록 하니 부끄러움이 많은 아이들도 재밌어 하며 표현을 시도했다. '음악에 맞추어 걸어보기' 활동에서는 걷는 활동임을 인지시켜도 뛰거나 친구들이랑 일부러 부딪히는 아이들이 있었다. 이럴 경우 조용히 불러내 주의를 줘야 한다. 음악에 따라 움직임이 변하기를 바랐는데 조용한 음악에도 흥겹게 걷고, 신나는 음악에는 더 흥겹게 걷는 아이들도 몇 명 보였다. 다른 아이들에게 피해를 주지 않았기 때문에 지켜보기만 했다.

3. 수업 조언

아직 연극 수업이 정착되지 않아 극적인 표현을 배워본 경험이 없는 아이들이 많다. 연극놀이나 극적 표현 익히기 수업은 수업 과정안처럼 3개 활동으로 구성하기보다는 2개 활동이 알맞다. 보통 한 반의 학생수가 25~30명에 달하고, 자신의 얼굴이나 몸을 이용해 극적인 표현을 하는데 어색한 아이들이 적응할 시간이 필요하기 때문이다. 연극놀이 연수를 받은 교사들이 흔히 하는 실수가 배운 걸 다 써먹겠다는 생각으로 활동을 빠듯하게 구성하는 것인데, 이렇게 하면 시간 배분에 실패할 수 있으니 여유 있게 활동을 구성하자.

극적 표현을 어색해하는 아이는 항상 있다. 그 아이가 표현할 때까지 기다린다거나 다그치는 것은 좋지 않다. 친구들의 관심이 쏠리면 그 아이는 더 굳어버린다. 나는 활동 전에 '패스'를 말할 수 있다고 이야기한다. 그리고 한 사람씩 시키는 것보다는 전체 아이들이 동시에 표현하도록 하는 것을 선호한다. 극적 표현은 자발적으로 나오는 것이 중요하지 억지로 유도한다고 해서 익힐 수 있는 게 아니다. 부끄러워하는 아이도 다른 아이들의 표현을 보다 보면 '어렵지 않구나' 하는 생각이 저절로 들고 언젠가는 표현을 시도할 것이다. 그때를 놓치지 않고 그 시도를 칭찬해주면 효과가 매우 좋다. 수업이 끝날 때까지 표현하기를 거부한다면 이 아이가 수업시간에 느꼈을 어려움에 대해 공감하며 관심을 가져준다. 오히려 그 아이를 의식하면 더 움츠러드니 표현을 잘하는 아이들을 챙겨주자. 연극 수업은 표현에 적극적인 아이들을 위한 시간이니까 말이다.

연극놀이는 자발성이 중요하다. 아이들의 표현에 대해 지나치게 자주 지적하면 소극적인 분위기로 변할 가능성이 있다. 단, 예외는 있다. 짓궂거나 폭력적인 표현을 시도하는 아이들은 그냥 넘어가지 말고 즉시 제지해야 한다. "그런 폭력적인 표현은 하면 안 된다. 우리 교실에서 허용하지 않는다."라고 지적하면 자신의 표현이 폭력적이었다는 사실을 깨닫고 아이들도 다른 표현을 고민할 것이다.

4차시
경험을 연극으로 표현하기

1. 수업 과정안

일시	2018년 6월 27일(수) 1교시	대상(장소)	교실
학습 목표	장면 만들기를 위한 즉흥 표현을 할 수 있다.	차시	4/14

단계	학습 내용	교수학습 활동	자료 및 유의점
도입	동기 유발하기 (5분)	**경험 이야기하기** • 우리 반에서 있었던 일 중 기억에 남는 일을 이야기해봅시다. (사소한 일로 다투었는데 금방 화해했던 일이 생각납니다./좋아하는 아이에게 장난전화 했다가 선생님께 혼났던 일이 생각납니다.) **경험을 연극으로 표현하기** • 지난 시간에 극본으로 쓴 이야기를 정지 장면 3개로 표현해봅시다.	※ 연극놀이를 하면 이후 장면 만들기 수업에서 표현이 더 풍부해질 수 있다.

전개	극적 표현 익히기 (30분)	중요한 장면 3개를 꼽고 대사를 입혀보는 거예요. 연습 시간은 10분 주겠습니다. • 각 모둠별로 발표해 봅시다. ※ 교사가 '하나, 둘, 셋'을 외치면 발표 모둠이 정지한 장면으로 표현한다. 교사가 정지하고 있는 아이를 순서대로 어깨를 가볍게 치면서 '땡'을 외치면 그 장면에서 인물이 했을 만한 대사를 넣어 표현한다. • 각 모둠별로 발표해봅시다. ※ 준비가 된 모둠부터 발표한다. • 어떤 장면이었나요? (아이들이 어떤 일에 대해 말다툼하는 장면이었습니다./장난전화를 하는 상황이었던 것 같습니다./다른 반 아이들과 피구를 하다가 시비가 붙은 상황이었습니다./친구들이 갑자기 우는 장면이었습니다.)	※ 표현하기를 주저하는 아이에게 극적인 표현을 하도록 강요하지 않도록 유의한다. ※정지 장면 활동은 한 모둠당 5~6명이 적당하다.
정리	정리 하기 (5분)	정리 및 차시 예고 • 수업 소감을 이야기해봅시다. (친구들과 함께 의논하고 표현해서 좋았습니다./정지한 상태였지만 그 인물이 되어 보니 즐거웠습니다.) • 다음 시간에는 연극에서 맡을 역할을 나누겠습니다.	

2. 수업 풍경

이 수업에서는 장면 만들기 단계에 들어가기 전 아이들이 각 연극에서 가장 중요한 장면이 무엇이며 어떻게 표현하면 좋을까에 대한 해답을 찾는 것에 목적을 두었다. 지난 시간과 같이 책상을 뒤로 밀고 둥글게 서서 수업했다. 우선 1, 2차시에 극본으로 쓴 이야기를 정지 장면 3개로 만들고 대사를 입혔다. 연습 시간은 10분을 주었다. 본격적으로 극적인 표현을 시도하는 아이들이 생겨났다. 지난 시간에 표현에 소극적이었고 정말 안 할 것 같은 아이들도 다소 달라졌다. 들떠서 주의를 받았던 아이들은 다소 차분해지고 굳었던 아이들은 표정과 몸짓이 점점 유연해졌다. 이때를 놓치지 않고 집중적으로 칭찬을 많이 했다. 장난스러운 표현이 있어도 허용했다. 회의와 연습이 빨리 끝나 여유 있는 모둠도 있었고, 어떤 장면을 할지 회의조차 끝나지 않는 모둠도 있었지만 6개 모둠 모두 발표를 했다.

아이들이 정지 장면을 표현하고 해당 인물이 준비한 대사를 말한다.

3. 수업 조언

모든 아이가 표정이나 몸짓을 잘 표현하는 것은 아니다. 부끄러워서 아무것도 하지 않으려는 아이도 있다. 표현이 과한 아이도 있고 다른 친구가 표현하는 데 떠들고 장난치는 아이도 있어 수업에 방해가 되기도 한다.

　아이들의 자유로운 표현은 장려하되 주도권은 교사가 가져야 한다는 점을 꼭 기억하자. 자유로운 표현이 중요한 수업이라고 해서 아이들을 방치해서는 안 된다. 수업에 방해되는 아이에게는 주의를 주고, 너무 들뜨거나 지시를 따르지 않는 아이에게는 타임아웃을 추천한다. 표현 수업을 할 분위기가 아니라고 판단된다면 즉시 연극 수업을 중단하는 등 강경책을 쓰는 것도 좋은 방법이다.

5차시
캐스팅하기

1. 수업 과정안

일시	2018년 6월 28일(목) 6교시	대상(장소)	교실
학습 목표	연극 공연을 위한 캐스팅에 적극적으로 참여할 수 있다.	**차시**	5/14

단계	학습 내용	교수학습 활동	자료 및 유의점
도입	동기 유발하기 (5분)	**공정한 역할 배분의 필요성 알기** • 여러분이 지난번에 썼던 극본에서 하고 싶은 역할이 있을 겁니다. 하지만 모두가 원하는 배역을 가질 수는 없어요. 원하는 배역을 얻기 위해서는 어쩔 수 없이 경쟁을 해야 합니다. • 이번 시간에는 지난 시간에 썼던 극본의 인물을 연기할 배우를 캐스팅하겠습니다.	• 배역표 ※ 중요하거나 대사가 많은 역할은 오디션을 거치고, 그 외의 역할은 가위바위보로 정한다.

전개	캐스팅 참여하기 (30분)	하고 싶은 역할 정하고 캐스팅에 참여하기 • 중요하거나 대사가 많은 역할은 오디션을 하겠습니다. 그 외의 역할은 가위바위보로 정하겠습니다. 선생님이 말하는 역할을 원하는 학생은 손을 들어주세요. 중요한 역할의 오디션을 먼저 진행하겠습니다. • △△역을 받고 싶은 학생은 선생님 앞에 서세요. 오디션 순서를 가위바위보로 정한 후 첫 번째 학생만 선생님 앞에 서세요. 상대 배역 대사는 □□가 해주세요. • ○○역을 받고 싶은 학생은 그 자리에 바로 서세요. 이 역할은 오디션이 필요 없습니다. 가위바위보로 정하겠습니다.	※ 시간이 부족할 수 있으므로 빠르게 진행한다. 실력이 비슷해 교사가 결정하지 못할 경우 투표로 결정한다.
정리	정리하기 (5분)	정리 및 차시 예고 • 수업 소감을 이야기해봅시다. (역할을 얻으니 정말 배우가 된 것 같아요./앞으로 최선을 다해서 맡은 역할을 잘 해야 할 것 같아요.) • 다음 시간에는 공연 준비 활동을 하겠습니다.	

2. 수업 풍경

5차시에서는 28개의 배역을 25명의 아이에게 나누어주는 캐스팅을 진행했다. 책상을 한 곳에 붙여 공간을 만든 다음 나는 의자에 앉고 내 앞에 아이들을 자유롭게 앉히고 수업을 시작했다. 캐스팅에 대해 안내하고 곧바로 캐스팅을 진행했다. 여자 배역이 여학생 수보다 3개가 더 많아 여학생 중 3명은 1인 2역을 하게 되었다. 시간을 아끼기 위해 오디션은 필요한 배역만 진행했고, 나머지는 가위바위보로 정했다.

소소함 연극제의 배역표는 다음과 같다. 배역표에 나온 이름은 등장인물 이름이고 괄호에는 역할을 받은 아이의 이름이 들어간다.

소소함 연극제 배역표

연극 성별	〈팩트만 말하는 거야〉	〈합동 피구〉	〈장난 고백〉	〈4월, 그리고 13일의 금요일〉	비고
남 13명 배역 13개	재현( ) 문주( ) 혜민( ) 지완( ) 수혁( ) 창호( )	권익( ) 재홍( )	재강( ) 재희( ) 상오( )	대영( ) 주호( )	전원 1인 1역
여 12명 배역 15개	오선( ) 소현( )	윤정( ) 초록( ) 미소( ) 지수( ) 승희( ) 민영( )	다연( ) 소율( )	시현( ) 나영( ) 예솔( ) 하린( ) 상아( )	1인 2역 3명 필요

※ 밑줄 그은 배역은 오디션이 필요한 배역이다.

연극 극본이 짧아 인물 간 대사 수의 차이는 크지 않았다. 그럼에도 주축이 되는 인물은 있기 때문에 중요한 역할은 경쟁(오디션)을 통해 정했다. 주요 배역은 연기력이 어느 정도 뒷받침된 아이가 해야 연기 지도의 부담을 덜 수 있기 때문이다. 오디션이 필요한 배역은 혜민, 다연, 소율, 미소 역할이었고, 한 배역당 2~3명 정도 오디션에 참여했다. 해당 역할을 하고 싶은 아이들은 가위바위보로 오디션 순서를 정했다. 역할이 모두 주고받는 대화가 필요한 역할이라 당시 내 옆에 앉은 학생에게 상대 배역 대사를 하도록 했다(상대 배역 역할도 서로 하겠다며 경쟁이 심했다.). 오디션이 필요한 역할을 먼저 캐스팅한 후 나머지 역할은 가위바위보로 정했는데 캐스팅이 모두 완료되자 수업종이 울렸다. 꽤 긴박한 시간이었다.

3. 수업 조언

교실 연극에서 어려운 일이 몇 가지 있는데, 그중 하나가 캐스팅이다. 아이들이 배역을 얻는 과정에서 종종 마음에 상처를 입기 때문이다. 이 수업에서 가장 중요한 점은 캐스팅을 투명하게 운영하는 것이다. 캐스팅 결과를 알려줄 때에는 캐스팅에 참여한 아이들의 장단점을 이야기해주고 해당 역할을 얻은 아이가 왜 그 역할에 적합한지 상세히 알려주어야 한다. 교사가 결정하지 못할 만큼 아이들 실력이 비슷할 때도 있다. 그럴 때는 친구들의 투표로 결정하면 부담을 덜 수 있다.

오디션이 필요 없는 배역은 누가 해도 무난한 배역이다. 연기하는 데 부담이 없고 대사도 적당해 많은 아이가 원한다. 이러한 역할은 가위바위보로 정하면 원하는 역할을 받지 못한 아이들도 결과에 승복하고 뒤끝이 적으며 시간도 아낄 수 있다.

6~8차시
장면 만들기

1. 수업 과정안

일시	2018년 6월 29일(금) 6교시 2018년 7월 2일(월) 1교시 2018년 7월 3일(화) 1교시	대상(장소)	교실
학습 목표	연기할 때 주의할 점을 알고 장면 만들기 과정에 참여할 수 있다.	차시	6, 7, 8/14

단계	학습 내용	교수학습 활동	자료 및 유의점
도입	동기 유발하기 (5분)	• 지난 시간에는 각자의 역할을 얻었습니다. 이번 시간에는 공연을 위해 연습할 것이 무엇인지 알고 연습을 하겠습니다.	
	준비 활동하기 (10분)	연기하기 전 준비 활동하기 • 연기하기 전 몸풀기 운동을 합시다. • 입과 혀, 목을 풀어봅시다.	

주의할 점 알아보기 (10분)	대사를 표현할 때 주의할 점 알아보기	
	• 극본의 대사를 표현할 때는 크고 정확하게 표현해야 합니다. 각자 맡은 역할의 대사를 한마디씩 해봅시다.	
	동작을 할 때 주의할 점 알아보기	
	• 건들거리지 않고 어깨를 곧게 폅니다. 관객에게 등을 보이며 연기하면 안 됩니다.	
	• 다른 인물이 대사를 할 때는 약속된 행동 외에 그 인물이 관심을 받도록 이동하거나 건들거리는 등 방해되는 행동을 해서는 안 됩니다. 동작을 말보다 먼저 합니다.	
전개 장면 만들기 (95분)	장면 만들기 과정에 참여하기 (각 팀 10~12분씩 2회 지도)	※ 연습 과정에서 자유롭고 허용적인 분위기를 조성한다. ※ 네 번째 팀 연습 후 첫 번째 팀이 연습하는 방식으로 진행한다.
	• 4개 팀이 순서대로 선생님과 함께 장면을 만들어봅시다. 한 팀당 선생님과 두 번씩 연습하겠습니다. 해당 팀이 선생님과 연습하는 동안 다른 팀은 앉아주세요.	
	• 〈팩트만 말하는 거야〉 팀은 선생님 앞으로 나오세요. 다른 팀 친구들은 앉아서 조용히 자신의 연기에 도움되는 점을 찾아봅시다.	
	• 〈합동 피구〉 팀은 선생님 앞으로 나오세요. 다른 팀 친구들은 앉아서 조용히 자신의 연기에 도움되는 점을 찾아봅시다.	
	• 〈장난 고백〉 팀은 선생님 앞으로 나오세요. 다른 팀 친구들은 앉아서 조용히 자신의 연기에 도움되는 점을 찾아봅시다.	
	• 〈4월, 그리고 13일의 금요일〉 팀은 선생님 앞으로 나오세요. 다른 팀 친구들은 앉아서 조용히 자신의 연기에 도움되는 점을 찾아봅시다.	

		정리 및 차시 예고
정리	차시 예고 (5분)	• 수업 소감을 이야기해봅시다. (연기를 어떻게 해야 할지 막막했는데 수업을 듣고 잘해야겠다는 생각이 듭니다./ 프로 배우가 된 것처럼 기분이 좋았습니다. 관객에게 대사를 잘 전달하기 위해 노력해야 할 것 같습니다.) • 다음 시간에는 우리 연극제 홍보를 위한 포스터를 제작하겠습니다.

2. 수업 풍경

이 수업도 책상을 뒤로 밀고 둥글게 선 채로 수업을 시작했다. 6차시는 무대에 서는 배우로서 연극 전에 하는 몸풀기 운동과 구강 운동을 한 후 장면 만들기를 했고, 7차시와 8차시는 모두 장면 만들기를 진행했다. 몸풀기는 체육시간과 같은 몸풀기 운동을 했고, 구강 운동은 다음과 같이 했다.

- 하품 연습하기, 혀 가볍게 씹기, 혀 돌리기, 입술 푸르르 풀기
- '말랑말랑' 10번 발음하기

이어서 무대 예절을 간단히 안내했다.

- 대사는 크고 정확하게 표현한다는 생각을 갖고 연기에 임한다.
- 관객에게 등을 보이며 연기하지 않는다.

- 다른 인물이 대사할 때는 움직이지 않는다.

- 인물로서의 행동이나 표정 외에는 표현하지 않는다.

- 연극 중 다른 인물의 연기를 보고 웃지 않는다.

- 다른 인물의 대사가 끝나기 전에 자신의 대사를 표현하지 않는다.

- 대사를 표현하는 다른 인물의 앞을 지나가거나 방해하지 않는다.

- 내가 맡은 인물이 연극 속 상황에서 어떻게 말하고 행동하는 인물인지 생각하면서 연기한다.

이후에 장면 만들기로 넘어갔다. 자신의 팀 차례가 올 때마다 아이들이 무대에서 연극의 시작부터 끝까지 보여준 다음 내 코멘트를 듣고 다시 연기하는 방식으로 한 팀에 10~12분이 쓰였다. 그렇게 한 팀당 두 번 정도 장면 만들기를 했다. 자기 팀 연습 시간이 아닐 때에도 앉아서 다른 팀의 연습 장면을 지켜보도록 했다.

교사가 연기 지도를 하는 동안 다른 팀들은 따로 연습을 할 수도 있다. 하지만 나는 그 방법은 효과가 적거나 아이들끼리 장난을 치고 다툼이 생겨 추천하지 않는다. 장면 만들기에 세 차시를 투입하는 이유는 배우들의 대사, 동선과 표정 연기, 소품 활용 지도 등 지도가 필요하기 때문이다. 연기에 대한 구체적인 지시는 되도록 피했다. 아이들도 처음에는 굉장히 어색해했지만 몇 번 반복하니 어느 정도 틀이 잡혀 어색하지 않게 연기했다.

몸풀기 및 무대 예절을 가르치기 위해 둥근 대형으로 섰다.

장면 만들기 수업. 교사는 아이들의 뒤에 앉아 연기를 지도한다.

3. 수업 조언

세 차시나 투입하지만 실제 지도해보면 그렇게 여유로운 시간이 아니다. 아이들의 연기가 서툴고, 조잡해도 상관없다는 마음가짐이 필요하다. 교사는 무대 예절에 어긋나거나 장면 표현에 아이디어가 필요한 때에만 개입한다. 연기를 지도할 때 직접 시범을 보이거나 지시적으로 말하기보다는 "좋아하는 아이에 대해 말하려면 목소리를 어떻게 내는 게 좋을까?", "신나게 들어오려면 어떻게 등장하는 게 좋을까?"와 같이 아이들이 스스로 연기를 할 수 있게 발문하는 방향으로 진행하는 것이 좋다. 한정된 시간에 네 팀의 연기를 효율적으로 지도하기 위해서는 잘 만들어지지 않는 장면에 시간을 너무 많이 투자해서는 안 된다. 지금 봐주는 팀을 조금 더 신경 쓰는 만큼 다음 팀 지도 시간이 줄게 되니 시간 배분에 신경을 써야 한다. 아이들 연기는 꼭 잘하지 않아도 된다는 생각으로 지도하는 게 좋다.

아이들이 전문배우가 될 것도 아니고 무대 예절까지 가르칠 필요가 있냐는 분도 있겠지만 기본적인 무대 예절은 알아야 한다고 생각한다. 대표적인 것이 '관객에게 등을 보이고 연기하지 않기'이다. 연극은 배우와 관객과의 대화이다. 우리가 대화하는 상대방과 등지고 이야기하지 않듯 배우의 몸은 관객을 향해 있어야 한다는 것을 늘 의식하도록 지도해야 한다.

9~10차시
홍보물 제작

1. 수업 과정안

일시	2018년 7월 6일(금) 1, 2교시	대상(장소)	교실
학습 목표	연극 공연 홍보를 위한 포스터를 협동하며 제작할 수 있다(미술 연계).	차시	9, 10/14

단계	학습 내용	교수학습 활동	자료 및 유의점
도입	동기 유발하기 (5분)	**홍보물의 중요성 알기** • 우리가 하는 연극은 다른 반 친구들도 보러옵니다. 친구들에게 연극을 홍보하는 가장 좋은 방법은 무엇일까요? (포스터를 만들어 보여주는 게 가장 좋을 것 같습니다.) • 이번 시간에는 연극 홍보를 위한 포스터를 만들겠습니다.	• 4절지 도화지, 사인펜, 색연필, 잡지 등 ※ 포스터 외에 초대장 쓰기, 동영상 제작 등 다양한 방법이 있으므로 통합하는 교과의 특성에 따라 다양한 홍보물을 만들 수 있게 한다.

전개	특징 알기 (5분)	**연극 포스터의 특징 이해하기** • 선생님이 나누어준 연극 포스터 예시 작품을 봅시다. 연극 포스터에는 어떤 내용이 들어 있나요? (연극의 제목, 공연 날짜, 장소, 연출과 배우의 이름, 연극을 한눈에 이해하는 그림이 표현되어 있습니다.) • 각각의 포스터는 어떤 특징이 돋보이는지 말해주세요. (당나귀로 보이는 동물을 탄 기사가 볼품없어 보여 돈키호테의 모습을 잘 보여주는 것 같습니다./포스터의 문장들이 보는 사람의 호기심을 불러일으킵니다.)	• 기존 연극 포스터
	포스터 그리기 (65분)	**연극 포스터 그리기** • 연극 포스터의 특징과 구성요소를 생각하며 자신의 연극팀 포스터를 제작해봅시다.	
정리	정리하기 (5분)	**정리 및 차시 예고** • 이번 수업 소감을 이야기해 봅시다. (포스터를 제작하니 정말로 연극을 친구들에게 보여주는 것이 실감 나요./더 열심히 연기를 해야 할 것 같아요.) • 다음 시간에는 리허설을 하겠습니다.	

2. 수업 풍경

이 시간은 미술 시간으로 연극 포스터를 제작했다. 2개 차시를 연속으로 진행했고 각 팀의 배우들이 자기 팀의 연극을 홍보하는 포스터를 만들도록 했다. 먼저 연극 포스터의 특징과 구성요소를 이해한 다음 포스터 제작을 시작하였다.

이 포스터들은 모두 무대 뒷면을 꾸미는 데 쓰였다.

'연극제'로 진행해 연극제 자체를 알리는 포스터도 필요했다. 수업시간에 다 소화할 수 없어 희망자들을 모아 포스터를 만들어 오도록 했다.

소소함 점심시간 연극제 포스터. 스캔하여 출력 후 3장씩 뽑아 5학년 7개 교실에 게시했다.

3. 수업 조언

포스터 외에도 연극을 홍보할 방법은 다양하다. 초대장을 쓰거나(국어과 연계), UCC를 제작(실과 연계)해서 SNS에 홍보할 수도 있다. 여러 교과와 통합해 수업을 재구성할 수 있으며 홍보물 또한 다채로워질 수 있다.

11차시
무대 설치

11차시는 교사의 지도에 따라 무대를 설치해 수업안이 따로 없다. 우선 햇빛을 차단하기 위해 신문지 4장을 붙여 한 장으로 만든 후 창문 위에 여러 번 덧붙였다. 신문지 4장을 붙여 한 장으로 만드는 조, 창문 위에 신문지를 붙이는 조로 나누어 진행했다. 어두운 곳에서 조명을 쏘고 싶은 마음에서 준비한 것이므로 연극을 만들 때 반드시 필요한 작업은 아니다.

교실을 어둡게 하기 위한 신문지 붙이기. 불을 끄면 꽤 어두워 조명을 활용하기 좋다.

교실 갤러리를 검은 천으로 가
리기. 관객의 시선이 분산되지
않게 하기 위해 검은 천을 6마
정도 구입했다.

아이들이 그린 포스터를 검은
천 위에 붙여 무대 뒷면을 꾸몄
다.

교실 창문으로 들어는 빛도 차
단하기 위해서 신문지로 가림
막을 만들었다. 동시에 홍보 효
과도 얻었다.

12~13차시
리허설

1. 수업 과정안

일시	2018년 7월 9일(월) 5, 6교시	대상(장소)	교실
학습 목표	연극 공연을 위한 리허설에 적극적으로 참 여할 수 있다.	차시	12, 13/14

단계	학습 내용	교수학습 활동	자료 및 유의점
도입	동기 유발하기 (5분)	전시 학습 내용 상기하기 • 지난 시간에는 연극제 홍보를 위한 포스터를 제작하였습니다. 그 외에 연극 공연을 하기 위 해 할 수 있는 일은 무엇이 있을까요? (음향, 조명, 소품, 촬영이 있습니다.)	※ 준비 과 정을 상기하 며 연극은 준비부터 공 연까지 한 과정임을 인 식하게 한다.

		• 이번 시간에는 여러분이 이러한 역할을 맡아 리허설을 하겠습니다.
전개	리허설 참여하기 (70분)	연극 최종 준비하기 • 연극을 공연하기 전에 준비가 잘되었는지 모둠별로 점검해봅시다. (연극 공연을 위한 의상으로 갈아입었는지 확인합니다./소품을 빠뜨리지 않았는지 확인합니다./부끄러워하지 말고 자신감을 가집니다.) • 연극을 공연하는 사람으로서 지켜야 할 점은 무엇이 있나요? (자신의 동선을 정확하게 알고 약속한 연기를 잘 기억합니다./친구와 약속하지 않은 표현은 하지 않습니다./연기 중에 웃거나 산만한 태도를 보이지 않습니다.) • 연극을 관람하는 사람으로서 지켜야 할 태도를 말해보세요. (공연 중에 떠들지 않습니다./소리가 나거나 배우들의 시선을 뺏을 수 있는 물건을 꺼내지 않습니다./연극이 끝나면 박수로 배우들을 격려합니다.)	※ 공연을 최종 준비하는 시간이므로 진지한 분위기를 조성하며 공연 준비에 긴장감을 갖도록 지도한다.
정리	정리하기 (5분)	정리 및 차시 예고 • 리허설을 하면서 가져야 할 마음가짐은 무엇이 있는지 말해봅시다. (마지막 연습인 만큼 최선을 다해야 한다는 것을 배웠습니다./지금 우리 연극에 무엇이 필요하고 어떤 부분을 보완해야 할지 알게 되었습니다.) • 다음 시간에는 공연 후 느낀 점을 나누겠습니다.	

2. 수업 풍경

열한 번째 수업에서는 리허설을 했다. 조명과 음향, 소품이 모두 갖추어진 상태에서 실제 공연과 같이 리허설을 진행했다. 리허설에서 한 실수는 실제 공연의 실수와 연결될 가능성이 크므로 집중해서 임해야 한다고 강조했다.

공연 풍경

7월 10일(화)부터 13일(금)까지 매일 한 편씩 연극을 공연했다. 공연은 학교 점심시간인 12시 45분부터 12시 55분에 진행되었다. 공연 시간을 맞추기 위해 4교시 수업을 10분 일찍 마치고 점심을 먹은 후 빠르게 교실 책상을 앞쪽으로 붙였다. 12시 30분에 리허설을 진행하고 12시 40분부터 관객이 입장했다. 각 날짜에 진행된 공연 편성표는 아래와 같다.

날짜	제목	관객	공연 시간	공연장소
7월 10일(화)	〈팩트만 말하는 거야〉	1, 3반 학생		
7월 11일(수)	〈합동 피구〉	2, 4반 학생	12:45~	5-6
7월 12일(목)	〈장난 고백〉	5, 7반 학생	12:55	교실
7월 13일(금)	〈4월, 그리고 13일의 금요일〉	5학년 중 미관람 학생		

처음에는 선착순으로 관객을 받을 계획이었다. 하지만 좁은 교실에 많은 아이들이 몰려 주변이 소란스러워지고 사고가 예상되어 5학년 학생

만 공연을 보도록 했다. 각 연극마다 관객 반을 배당했다. 1일차 공연은 1, 3반 학생, 2일차 공연은 2, 4반 학생, 3일차 공연은 5, 7반 학생, 4일차 공연은 화, 수, 목요일 연극을 보지 못한 학생에게만 입장을 허용한다고 동 학년 선생님들께 미리 안내했다. 공연은 순조롭게 진행되어 성황리에 마칠 수 있었다.

공연 직전 모습. 관객이 모두 자리에 앉아 있고 배우들은 뒤돌아 서 있다.

매일 40~50명의 학생들이 공연을 보러 왔고 선생님들의 격려와 칭찬도 이어졌다.

14차시
소감문 작성

1. 수업 과정안

일시	2018년 7월 13일(금) 6교시	대상(장소)	교실
학습 **목표**	연극을 공연하기까지의 과정을 되돌아보고 소감을 나눌 수 있다.	**차시**	14/14

단계	학습 내용	교수학습 활동	자료 및 유의점
도입	영상 감상 (15분)	**공연 영상 감상하기** • 각 팀의 공연 영상을 감상하겠습니다. • 이번 시간에는 친구들에게 연극을 보여주며 느낀 소감을 나누겠습니다.	• 우리 반 공연 영상
전개	되돌아 보기 (15분)	**공연 과정 되돌아보기** • 각 모둠이 연극을 준비하고 공연하기까지의 과정에서 잘한 점을 이야기해 봅시다. (큰 목소리로 대사를 했고, 연기도 실감나게 잘 한 것 같습니다.)	

		• 다음에 공연할 기회가 있다면 어떻게 하고 싶은지, 선생님께 바라는 점은 무엇인지 써봅시다. (소감문을 작성한다.)

정 리	정리 하기 (10분)	**정리하기** • 연극을 준비하고 공연할 때 꼭 필요한 것을 순서대로 세 가지 쓰고 그 까닭을 말해봅시다. (극본/배우/무대/소품 등입니다.) • 선생님과 친구들이 함께 연극을 하며 얻은 점이 무엇인지 말해봅시다. (극본을 직접 써서 좋았습니다./일상적인 경험을 극본으로 표현했습니다./극본을 바탕으로 연극 공연을 준비했습니다./많은 사람 앞에서 공연을 하니까 자신감이 생겼습니다.)

연극을 준비하고 공연하기까지의 과정을 잘 이해하고 적극적으로 참여했는가.

평가 기준 및 방법	상	연극을 준비하고 공연하기까지의 과정을 잘 이해하고 적극적으로 참여함.	평가 방법: 자기평가 (소감문 작성)
	중	연극을 준비하고 공연하기까지의 과정을 이해하고 비교적 열심히 참여함.	
	하	연극을 준비하고 공연하는 과정에서 소극적으로 참여함.	

아이들이 쓴 소감문을 보면 연극을 올린 것이 아이들에게 좋은 추억과 자신감을 갖는 계기가 되었고, 연극에 대해서도 긍정적인 생각을 가지게 되었다는 점을 발견할 수 있었다.

2. 아이들의 소감문

연극할 때 내가 연기하는 그 사람이 된 것 같았다. 연기를 하려면 내가 맡은 역의 성격을 잘 파악해야 한다는 걸 알았다. 실제로 있었던 일을 소재로 해서 그런지 그 장면들이 눈앞에서 펼쳐지는 느낌이었다. 친구들의 목소리와 행동 덕에 더 신났고 음향도 있어 생생하고 즐거웠다. 그동안 연기한 친구들, 음향, 조명 스태프를 했던 친구들 너무너무 수고했어! 멋진 추억이 되었다. (바라는 점) 다음에는 창작을 해보면 좋을 것 같다. 누구랑 누구랑 말싸움하는 연극! 누가 장난치다가 다치는 연극, 많은 연극을 해보고 싶다. 우리가 직접 녹음한 것으로 연극을 만들어도 재밌을 것 같다.

– 도현(〈합동 피구〉의 초록 역)

연습하는 동안 떠들고 장난도 많이 쳐서 부족한 부분이 늘어만 갔다. 집에서도 연습하고 친구 몇 명이 모여서 쉬는 시간이나 점심시간에 따로 연습했다. 친구들이 지적도 하고 충고도 해줘서 도움이 되었다. 물론 내 연기가 실감났다고 생각하진 않는다. 유쾌하게 웃는 장면도 어색하기만 했고 친구들, 선생님들 앞에서 연기하는 것이 겁나기도 했다. 그래도 〈합동 피구〉 친구들과 리허설을 한 번에 끝마쳐 날아갈 듯 기분이 좋았고 하이파이브를 하며 칭찬했다. 공연 날에도 최선을 다했고 다른 반 친구들에게 칭찬도 받고 큰 웃음소리와 뜨거운 박수에 뿌듯했다. (바라는 점) 다른 반 친구들과 무대를 꾸미고 싶다.

– 해수(〈합동 피구〉의 민영 역)

연극을 보고 나서 나도 한번쯤 직접 해보고 싶었는데 우리 반이 연극을 한다는 말에 너무 반가웠어요. 조금 떨리기도 했어요. 많은 관객 앞에서 연극을 한다는 것이 만만치 않은 일이고 또 실수를 하면 어쩌나 걱정이 되었거든요. 하지만 시작할 때, 끝날 때 친구들이 박수를 보내주어서 힘이 났어요. 그래서 깨달았죠. 박수는 정말 좋은 거라고. 저도 힘들거나 슬픈 친구가 있으면 힘내라고 박수를 보내주고 싶습니다. (바라는 점) 다음 연극 수업에는 더 많은 관객이 올 수 있는 강당에서 했으면 좋겠습니다. 연극하는 사람이 많은 박수를 받으면 행복할 것 같기 때문입니다.

― 용재(〈장난 고백〉의 재강 역)

처음엔 재미없을 것 같았다. 그런데 하다 보니 아주 재밌었다. 오디션 볼 때 정말 재밌었고 떨렸다. 〈4월, 그리고 13일의 금요일〉을 할 때 우는 연기를 어떻게 하나 걱정했는데 직접 해보니 어렵지 않았다. 〈팩트만 말하는 거야〉를 할 때도 어려웠지만 리허설 때에는 재밌게 할 수 있었다. 공연 날은 살짝 긴장되었고 틀릴까 봐 조마조마했다. 친구들을 보지 않고 하니 더 잘됐다. 나는 우리 극본이 너무 재밌었다. 특히 "응, 아니야. 용가리 치킨, 오락실, 바퀴벌레, 방귀 뀌지 마."랑 "알바 아니면 알바몬!"이 좋았다. (바라는 점) 다음에는 부모님도 초대했으면 좋겠고 우리 반 전체가 출연했으면 좋겠다.

― 주하(〈팩트만 말하는 거야〉의 오선, 〈4월, 그리고 13일의 금요일〉의 상아 역)

130

교사가 지치지 않는 연극을
찾아나선 여정

이 장의 초반부에 언급했듯이 나는 교사가 지치지 않는 연극을 만들기 위해 다섯 가지 원칙을 정했다. 그 원칙을 지켜가며 교사인 나도 좀 더 여유있게 공연하고, 아이들의 만족도와 성취감도 높았다는 점에서 목표는 어느 정도 달성했다고 자평하고 싶다.

교사가 수업을 체계적으로 계획하기만 해도 '교사를 지치지 않게 하는 연극'은 가능하다. 잘 짜인 계획은 공연 날짜를 확정하여 연극 준비 과정이 늘어지지 않게 한다. 정리된 수업 과정안은 교사가 연극을 '공연'하는 것에 그치지 않고 '교육'을 할 수 있게 한다. 고민이 녹아 있는 수업안을 만들고 실행에 옮기는 교사는 설령 이번 수업이 만족스럽지 못했더라도 다음 기회에 더 좋은 수업과 연극을 할 수 있다고 확신한다.

1. 더 쉽고 간단한 연극도 가능하다

필자가 제시했던 차시 계획을 다시 보자. 계획을 짜다 보니 욕심이 조금씩 생겨 늘어진 감이 없지 않다. 처음에는 10차시로 계획한 수업이었는데 연극놀이 수업도 하고 싶고 무대도 꾸미고 싶어 한 차시씩 넣고, 리허설도 해야 안심될 것 같아 2개 차시를 더 넣으니 14차시가 되었다. 모든 수업이 그렇듯 연극 수업 또한 교사의 성향과 교실 상황에 따라 달라질 수 있다. 좀 더 짧은 과정을 원한다면 오른쪽과 같이 8차시 수업으로 재구성할 수 있다.

차시	학습목표(수업 주제)	차시	학습목표(수업 주제)
1 2	극본의 특징을 이해하고 경험했던 일을 극본으로 표현할 수 있다.	1	극본의 특징을 이해하고 경험했던 일을 극본으로 표현할 수 있다.
3	연극놀이를 하며 극적 표현을 할 수 있다.	2	연극 공연을 위한 캐스팅에 적극적으로 참여할 수 있다.
4	장면 만들기를 위한 즉흥 표현을 할 수 있다.		
5	연극 공연을 위한 캐스팅에 적극적으로 참여할 수 있다.	3	
6 7 8	연기할 때 주의할 점을 알고 장면 만들기 과정에 적극적으로 참여할 수 있다.	4 5	연기할 때 주의할 점을 알고 장면 만들기 과정에 적극적으로 참여할 수 있다.
9 10	연극 공연 홍보를 위한 홍보물을 제작할 수 있다.	6	
11	무대 작업	7	연극 공연 홍보를 위한 홍보물을 제작할 수 있다.
12 13	연극 공연을 위한 리허설에 적극적으로 참여할 수 있다.		
14	연극을 공연하기까지의 과정을 성찰하고 소감을 나눌 수 있다.	8	연극을 공연하기까지의 과정을 성찰하고 소감을 나눌 수 있다.

2. 잘해야겠다는 부담감을 버리자

이번 수업은 아이들의 성취감과 만족도가 특히 높았다. 과거에 수준 높은 연극에 대한 욕심으로 아이들을 질책했던 내 모습이 떠오른다. 차분하게 전달해도 들어줄 거라는 믿음을 가졌다면 '실수하면 어때. 괜찮아, 수준 높은 작품을 만드는 것보다 학생의 연극에 대한 인식을 긍정적으로 만들어주는 게 중요해.'라는 생각을 염두에 두고 지도했더라면 교사가 지치지 않는 교실 연극을 만드는 여정을 조금이라도 더 일찍 시작했을지 모르겠다.

교실 연극을 하려는 선생님들께 잘해야 한다는 부담감을 버리고 아이들을 무대에 올리면 좋겠다고 조언 드리고 싶다. 짧은 연극도 연극이고 조촐한 연극도 연극이다. 아이들이 얼마나 연기를 잘했는지, 관객 반응은 어땠는지에 신경 쓰지 말자. 연극 무대를 평가받는 경연장이 아닌 축제의 장이 되게 하자. 연극을 무사히 끝낸 것만으로도 선생님과 아이들은 모두 칭찬받아 마땅하다. 아이들이 기억하는 일들은 무대 위에 섰던 순간만이 아니다. 그들이 추억 속에 간직하는 순간들은 연극을 준비하는 과정에서 경험했던 선생님과 친구들과의 소통과 교감, 그 와중에 벌어지는 웃지 못할 실수, 사건과 소동이다. 작품성이 좋은 연극은 교사의 일상을 지치게 한다. 이러한 연극은 관객의 찬사를 받을지는 모르지만 정작 교사와 아이들에게는 서둘러 일상으로 돌아가고 싶게 만드는 지겨운 행사가 될 수 있다.

개인적으로 더 큰 목표가 있다면 교사가 웃는 연극을 만드는 것이다. 아이들도 웃고, 교사는 더 활짝 웃는, 그런 연극을 만들고 싶다.

팩트만 말하는 거야

소소함 공동 창작

등장인물: 재현 · 문주 · 오선 · 혜민 · 소현 · 지완 · 수혁 · 창호

(교실, 선생님과 아이들이 연극을 만들기 위해 회의하고 있다.)

선생님 극본으로 만들 만한 이야기가 뭐가 있을까? 애들아, 우리
1학기 중에 연극으로 만들 만한 사건이 뭐가 있었지?

혜민 선생님, 저번에 애들 몇 명이 모임 만들어서 문제 생겼었는
데, 그 일로 하면 어때요?

선생님 아, 그 일? 그게 그렇게 큰 사건이었나?

혜민 팩트를 말씀드리면, 그 모임 이름이 갓독인데요. 모임 만
들어서 자기들끼리만 놀고 나머지는 왕따시키고 차별했
어요.

소현 맞아. 그 안에서 계급도 정하고요. 탈퇴하고 싶은 애들은 왕
따 당할까 봐 못 나왔대요.

지완 선생님이 채팅방 만들지 말랬는데 채팅방도 만들었어요.

재현 (큰소리로) 아니, 잠깐! 님들은 알지도 못하면서 왜 그렇게 말
해요? 저희가 왕따시키는 거 봤어요? 팩트 말해드려요?

오선 맞아. 막 지껄여. 본 것도 아니면서.

문주 와, 인성 쓰○○.

혜민 그러니까 애초에 모임을 왜 만들어요? 선생님이 그런 모임
  만들지 말라고 하셨잖아요.

수혁 맞아. 처음부터 만들면 안 되지.

문주 응, 아니야. 용가리 치킨, 오락실, 바퀴벌레, 방귀 뀌지 마.

재현 채팅방 만든 건 어떻게 알았어요?

소현 만들긴 만들었나 보네.

문주 (당황하며) 그게 아니고. 음, 아무튼 채팅방 만들긴 했는데 왕
  따시키고 그러진 않았어요.

수혁 맞아. 난 왕따 안 당했어.

지완 야, 넌 누구 편이냐?

수혁 팩트만 말하는 거야.

혜민 중원이랑 하민이는 거기 들어가놓고 왕따 당할까 봐 못 나
  왔다고 했어요.

재현 와! 진짜 억울해!

오선 걔네는 그냥 우리가 껴준 건데 지들이 재미없으니까 멋대로
  나간 거야. 나가든 말든 우리 알 바 아니야.

창호 알바 아니면 알바몬~.

혜민 야! 쫌. 선생님, 어쨌든 그런 일이 있었어요. 제멋대로 모임
  만들고 친구들 사이 갈라놓고. 그것 때문에 저희 엄청 힘들
  었어요.

재현, 문주, 오선 응, 아니야. 용가리 치킨, 오락실, 바퀴벌레, 방
  귀 뀌지 마. (모두 멈춘다.)

재현 (한숨을 푹 쉬며) 어휴. 여러분, 우리가 정말 이랬다고 생각하

세요?

문주 완전 엉터리. 팩트 아님.

오선 팩트 말씀 드릴 테니까 우리 얘기 한번 들어보실래요?

(테이프 되감기 소리. 처음으로 돌아간다.)

선생님 얘들아, 우리가 연극 공연을 할 건데, 연극으로 만들 만한
사건이 있다면 추천해줄래?

혜민 선생님, 저번에 애들 몇 명이 모임 만들어서 문제 생겼었는
데, 그 일로 하면 어때요?

선생님 아, 그 일? 그게 그렇게 큰 사건이었나?

혜민 그 모임 이름이 갓독인데요. 모임 만들어서 자기네들끼리
만 놀고 나머지는 왕따시키고 차별했어요. 되게 싸○○ 없
었어요.

소현 맞아. 그 안에서 계급도 정하고요. 탈퇴하고 싶은 애들은 왕
따 당할까 봐 못 나왔대요. 인성 쓰○○.

지완 선생님이 채팅방 만들지 말랬는데 채팅방도 만들었어요.

재현 (차분하게) 아니, 잠깐. 님들은 알지도 못하면서 왜 그렇게 말
해요? 저희가 왕따시키는 거 봤어요?

오선 맞아요. 그렇게 얘기하지 마세요.

혜민 그러니까 애초에 모임을 왜 만들어요? 평소 수업시간에도
떠들고 공부 못하는 애들이 꼭 저런다니까.

소현 내 말이. 왜 나대. 님들끼리 채팅방 만든 거 다 알아요.

문주 채팅방 만들긴 했는데 왕따시키고 그러진 않았어요.

수혁　맞아. 난 왕따 안 당했어.

지완　야, 넌 누구 편이냐?

수혁　팩트만 말하는 거야.

혜민　승민이랑 채원이 얘네한테 왕따 당했대요!

재현　야! 너 없는 말 지어내지 마. 우리가 우스워 보여?

오선　걔네 멋대로 나간 거야! 자기네 알 바 아니라면서.

창호　알바 아니면 알바몬~.

혜민　에휴. 너랑 같은 회장인 게 부끄럽다, 부끄러워.

창호　아, 상처.

오선　선생님. 쟤네가 우리 싫어하는 모임 일부러 만들고 우리 험담하고 그랬어요.

혜민, 소현, 지완　응, 아니야. 용가리 치킨, 오락실, 바퀴벌레, 방귀 뀌지 마.

끝.

[극본]

합동 피구

소소함 공동 창작

등장인물: 윤정 · 초록 · 미소 · 권익 · 재홍 · 지수 · 승희 · 민영

(미소, 무대 중앙으로 혼자 등상한다.)

미소 있잖아요. 우리 반이 8반이랑 체육을 하기로 했거든요. 그런데 선생님이 선크림 필요한 애들 좀 찍어발라 주셨거든요. 그런데 그 선크림에 미백이 있잖아요, 약간. 그리고 그날 윤정이랑 초록이가 틴트를 바른 거예요.

윤정 (거울 보며 틴트를 바른다.) 야! 오늘 체육 뭐해?

초록 (선크림을 바르며) 피구. 8반이랑.

권익, 재홍 걱정 마요, 윤정님! 우리가 더 잘해요! (퇴장)

윤정, 초록 뭐래.

(모두 멈춤. 미소가 다시 설명한다.)

미소 아이들은 피구에 열중하고 있었습니다. 그런데 8반 여자애들은 피구가 재미없었나 봐요. 그래서 이런 말을 했겠죠?

지수　미소야, 너네 반 틴트 금지 아니야? (윤정, 초록을 가리키며) 뭔데 틴트 발라?

미소　아니거든. 피구에나 집중해.

지수　야, 그냥 물어본 건데 왜 난리야.

미소　몰라, 저리 가.

지수　야, 한미소 BB크림 떡칠했어.

승희　그래도 못생겼다, 애.

민영　한미소뿐만이 아님. 대박 다른 여자애들도 BB 발랐어.

승희　남자 애들 얼굴 봐. 블러셔 바른 거 아니야?

지수　우웩.

승희, 민영　우웩. 으ᄒᄒᄒ. 하하하하.

민영　블러셔만 한 게 아닌 걸지도 몰라. 남자 맞아? 으하하.

미소　윤정아. 초록아. 8반 애들이 너네 막 욕하고 틴트 바른다고 뭐라 그래. 가서 밟아버려.

윤정　진짜? 지들이 뭔데 상관이야. 완전 짜증나네.

초록　그니까. 뭔 상관인데!

윤정　야, 됐어. 그냥 참자. 쟤네는 못하는 거니까. 우리가 부러운 거야.

(그 순간 피구공이 윤정의 머리로 날아와 부딪힌다.)

윤정　아! 아….

초록　윤정아, 괜찮아?

민영　야, 아픈 척하고 있어, 쟤. 못생긴 게 웬 틴트. 완전 엄살이

　　　　　야.

지수　(윤정을 따라하며) 아! 아….

승희　(윤정을 따라하며) 아! 아….

(지수, 승희, 민영 킥킥거리며 윤정을 비웃는다. 윤정, 눈물을 흘리며 운다.)

권익, 재홍　와 만세! 이겼다. 윤정 님! 왜 울어요? 울지 마요. 괜
　　　　　찮아요. 뭘 그거 갖고 울어요. 우리가 이겼어요! 야호!
　　　　　(퇴장)

　　　　　　　　　　　　　　　　　　　　　　　　끝.

장난 고백

소소함 공동 창작

등장인물: 다연 · 소율 · 재강 · 재희 · 상오

(다연의 집, 다연과 소율이 액체괴물을 만지고 있다.)

다연   소율아.

소율   응.

다연   내가 비밀 얘기 해줄까?

소율   응. 뭐야?

다연   있잖아. 내가 재희랑 상오를 좋아해.

소율   아, 그래?

다연   넌 우리 반 남자애 중에 누가 제일 나은 것 같아?

소율   재강이.

다연   그렇구나. 히히. 아, 그래서 말인데 우리 서로의 고백을 도
와주면 어때?

소율   어떻게?

다연   전화로 고백할 때 서로 코치해주는 거지, 옆에서.

소율   히히 재밌겠다. 좋아.

다연   내가 네 폰으로 재희랑 상오한테 전화를 해볼게.

(신호음 3번)

다연 어? 얘, 전화 안 받아.

소율 학원인가 봐.

다연 그럼, 상오.

(신호음 3번)

상오 여보세요.

다연 너, 어디야?

상오 몰라도 돼.

다연 나, 너 좋아해. 히히히.

상오 응, 수고. (전화를 끊는다.)

다연 뭐야. 반응이 왜 이래.

소율 너무 장난처럼 보였나 봐.

다연 아, 짜증나.

소율 이번엔 내가 한다.

(신호음 3번)

재강 여보세요.

소율 재강아. 나, 너 좋아해.

재강 뭔 소리야?

소율, 다연 낄낄낄낄. 으하하하. (전화 끊는다.)

소율 야, 재희 이제 학원 끝날 시간 됐어.

다연 알았어.

(신호음 3번)

재희 여보세요.

다연 (속삭이는 목소리로) 재희야, 나 너 좋아해.

재희 나 게임 중이야.

다연 나 너 좋아한다고.

재희 아, 사촌이랑 게임 중이니까 그만 방해해. 아까부터 귀찮
       게. (전화 끊는다.)

다연 뭐야.

(다시 전화를 건다. 신호음 3번. 그러나 전화 받지 않는다.)

소율 야, 됐어. 내일 직접 보고 얘기 다시 해.

다연 그래.

(다음 날 아침. 교실)

소율, 다연 (선생님을 발견하고) 선생님, 안녕하세요.

선생님 너희들, 선생님이랑 얘기 좀 할까.

소율, 다연 네?

선생님 어제 남자아이들한테 장난치고 귀찮게 했다며?

소율, 다연 네….

선생님 친구의 시간을 소중히 여겨야 한다는 우리 반 헌법 모르니? 너희는 벌점 카드 2개씩이니 그렇게 알아.

다연 으아! 선생님! 사실은요. 제가 걔네 정말 좋아해서 그랬어요. 소율이도 그렇고요.

선생님 사실이니?

소율 네….

다연 그러니 벌점 카드는 안 주시면 안 될까요?

선생님 주지는 않겠지만. 앞으로 고백한다고 그렇게 친구를 귀찮게 하면 안 된다.

소율, 다연 네! 감사합니다! (꾸벅 인사한다. 선생님 퇴장) 휴우.

끝.

4월, 그리고 13일의 금요일

소소함 공동 창작

등장인물: 시현 · 나영 · 예솔 · 하린 · 대영 · 상아 · 주호

(주호, 무대 중앙으로 혼자 등장한다.)

주호　그날은 참 이상했어요. 지난 수요일에 롯데월드로 현장체험학습을 다녀와서 모두들 굉장히 즐거웠는데. 아니 즐거웠어야 하는데….

(점심시간, 아이들이 급식을 받기 위해 줄을 선다. 등장부터 표정이 좋지 않던 시현이가 큰소리로 울며 갑자기 뛰쳐나간다.)

상아　선생님! 시현이 울어요.
선생님　왜.
상아　롯데월드에서 안 좋은 일이 있었던 것 같아요.
주호　쟤, 롯데월드에서 같은 조 애들이랑 자기랑 안 다녀서 왕따 당했다고 우는 거 같은데.
선생님　예솔아.
예솔　네.

선생님　그래도 밥은 먹어야지. 잘 달래서 데리고 와. 급식 당번들
　　　　은 시현이 급식 받을 때까지 밥 먹지 말고.

하린　헉. 배고픈데….

예솔　네. 시현아, 일단 나와 봐. 나와서 같이 이야기하자.

(시현, 계속해서 엉엉 운다. 15초 동안 운다.)

하린　아. 배고픈데 진짜…. (눈물이 나온다. 훌쩍 울기 시작한다.) 배고
　　　프단 말이야. 얘는 왜 이렇게 안 나와. 짜증나…. (운다.)

대영　시현아~ 빨리 나와~. 큰일 난 거 아냐? 왜 계속 울지?

선생님　야! 황대영! 넌 여자 화장실을 왜 기웃거려! 빨리 안 나
　　　　와?

(대영도 눈물이 나온다. 서러움이 폭발한다.)

대영　아니… 저는 달래주려고 한 거란 말이에요. (운다.)

선생님　어휴! 정말.

(이때 나영이 갑자기 말없이 눈물만 뚝뚝 흘린다. 주호가 나영을 달랜다.)

주호　선생님! 나영이도 울어요.

선생님　아니, 나영이는 왜?

나영　저도… 3학년 때 학원에서… 당한 게… 생각나서…. (서럽게
　　　운다.)

(시현이는 왕따 당했다고, 하린이는 배고프다고, 대영은 선생님이 혼냈다고, 나영이는 지난날의 안 좋은 기억이 떠올라 한꺼번에 엉엉 운다. 주호는 그런 나영이를 달랜다. 상아는 나영이의 청포도 사탕을 먹어도 되냐고 나영에게 묻고 나영은 끄덕거리면서도 운다.)

주호 정말 이상한 날이었어요. 이런 날은 아마 오늘밖에 없을 거예요.

끝.

소소함 점심시간 연극제 운영 계획

2018학년도 서울 □□초등학교

1. 목적

가. 아이들이 연극의 재미와 의미를 직접 체험함으로써 문화
예술에 대한 친화성을 함양한다.

나. 연극의 과정에 배우와 스태프로서 참여해봄으로써 자아효
능감 및 진로 탐색의 경험을 얻는다.

2. 방침

가. 매일 점심시간마다 다른 주제의 연극이 공연되는 연극제
를 운영한다.

나. 관객인 아이들이 정규 수업시간에 제때 참여할 수 있도록
점심시간 내에 공연을 마친다.

다. 교실의 학생 수용 가능 인원이 적으므로 학생 관객은 5학
년 각 학급에 배당해 운영한다.

3. 세부 실천 계획

가. 연극 일정: 7월 10일(화)~13일(금), 12:45~12:55

나. 연극 장소: 5-6 교실

다. 대상: 5학년 학생

라. 연극 주제: 세부 일정 참조

마. 세부 일정

공연 일정	연극 제목	주요 내용	대 상
7월 10일(화) 12:45~12:55	〈팩트만 말하는 거야〉	학급 내 소모임 결성을 둘러싼 서로 다른 입장의 아이들의 말다툼	5-1, 5-3 학생
7월 11일(수) 12:45~12:55	〈합동 피구〉	합동 피구 중 화장한 아이를 다른 반 친구들이 놀려 상처받은 이야기	5-2, 5-4 학생
7월 12일(목) 12:45~12:55	〈장난 고백〉	좋아하는 아이에게 장난전화를 걸어 선생님께 혼난 사연	5-5, 5-7 학생
7월 13일(금) 12:45~12:55	〈4월, 그리고 13일의 금요일〉	점심시간, 갑작스레 울음바다가 된 우리 반	5학년 중 미관람 학생

바. 극본(붙임 참조)

4장

미완성 극본으로
연극 만들기

- 대상   서울 Y초등학교 5학년 25명

- 일시   2018년 7월 3일~7월 6일(7차시)

- 지도 교사   오현아

- 수업 목표   일상 경험을 바탕으로 극본을 만들 수 있다.

            연극의 3요소를 알고(배우 · 무대 · 관객) 종합예술로서의 연극을 체험

            한다.

- 수업시간   총 7차시

차시	수업 활동
1 2	극본 완성하기
3	역할 나누기
4 5	장면 만들기 및 연결 연습 & 포스터 · 음향작업
6	총연습
7	공연 및 소감 나누기

- 관련 과목   국어 5-1 12. 문학에서 찾는 즐거움

            미술 5 10. 디자인과 생활

            음악 2-4 내가 만든 음악

아이들의 일상을
담은 극본

아이들과 함께하는 연극 만들기는 많은 면에서 즐거움과 배움을 준다. 다만 교사의 적절한 안내가 없다면 아이들은 자극적인 재미에 치우친 연극을 만들거나 자신의 경험을 단순히 재현하기만 하는 수준에 머무를 수 있다. 그렇다고 교사가 극본을 비롯한 모든 것을 오롯이 준비하자니, 이 또한 쉽지 않다. 아동극도 적지만, 어린이가 직접 공연할 수 있는 극본은 훨씬 드문 실정이다. 각색할 만한 작품을 발굴하거나 우리 반 실정에 맞게 창작해야 하는데, 처음 준비하는 입장에서는 더욱 막막할 것이다.

1. 교사의 부담을 덜어주는 미완성 극본

내가 시도한 방법은 '미완성 극본'이다. 교사가 처음부터 완벽한 극본을 만들지 않고 일부분만 완성하여 제시하는 것이다. 극본에 대한 교사의 부담을 덜고 아이들의 생각도 잘 담기게 해주는 방법이다. 교사가 시작과 마무리 정도만 보여주고, 본격적인 장면은 아이들의 힘으로 채워보면 더욱 좋을 것이다. 미완성 극본이 일종의 도움닫기인 셈이다.

또 하나, '찾아가는 공연'을 해보기로 했다. 다른 반 교실로 우리가 직접 찾아가서 공연하는 것이다. 그러려면 짐이 간편해야 한다. 화려한 무대장치가 없이도, 간소한 무대로도 멋진 연극을 만들 수 있다는 것을 보여주고 싶었다.

실제로 공연 당일 우리 반 아이들은 의자 네 개와 악기 두어 가지만 챙겨 이동하고, 연극에 필요한 교탁은 그 반에 있는 것을 그대로 사용했다. 멀지 않은 옆 교실이지만 새로운 공간으로 이동하는 것 자체가 아이들에게 설렘을 더해주었다. 관객들이 평소처럼 정해진 자리에 앉아 공연을 관람하면 된다는 장점도 있었다. 나름대로 많은 고민 끝에 실행했는데, 다행히도 그 이후 과정은 마치 간식거리만 챙겨 훌쩍 떠나는 여행과 같았다(자세한 것은 수업 사례로 설명하겠다).

2. 연극부 공연과 교실 연극은 다르다

어린이 연극부를 3년째 운영하고 있지만 정작 우리 반 아이들은 교과서 활동에 제시된 역할극을 해본 게 전부였다. 연극부 교사였던 나조차도 막상 우리 반 아이들과 연극을 하려니 막막했다. 생각할 거리는 많았는데, 뾰족한 수가 떠오르지 않았다.

먼저 집단의 특성이 다르다는 게 걸림돌이었다. 연극부는 무대에 서 보고 싶은 아이들이 모인 집단이지만, 학급은 연극에 적극적인 아이들과 그렇지 않은 아이들이 섞여 있는 집단이다. 인원수 문제도 있었다. 나는 오디션으로 10명 내외를 선발해 연극부를 운영했는데, 그에 비해 반 아이들 25명은 버거운 인원수였다.

연습 방향 또한 문제였다. 연극부에서는 손발을 맞추는 연습에 많은 시간을 할애했다. 대사를 외우는 건 기본이었다. 그러나 수업시간에 연극을 하려니 이 과정도 단순치 않았다. 공연을 위해 불가피한 일이지만, 암기와 반복 연습 때문에 자칫 연극의 교육 효과인 표현력과 상상력, 소통 능력 등이 저해되지 않을까? 이런 의미에서 '연극'과 '교육'의 배합 비율이 늘 고민이었다.

그럼에도 반 아이들과 연극을 누리지 못했던 점이 늘 아쉬웠고, 학기 말을 인상 깊게 마무리할 활동으로도 좋을 것 같아 시도해보기로 했다. 우선 '아이들이 원하는 소재 및 줄거리'와 '관객 초대 여부'를 알아볼 필요가 있었다.

3. 아이들이 좋아하는 내용을 찾는다

일단 알림장에 다음과 같이 과제를 안내했다.

〈글쓰기 주제〉 우리 반에서 연극을 한다면?

• 원하는 소재 · 줄거리(공연 시간은 10분을 넘지 않게)
• 내가 하고 싶은 역할(배우/음향/포스터 제작 등)

아이들 대다수가 좋아할 만한 소재나 줄거리가 정해지면 더 흥미를 갖고 참여할 것 같았다. 줄거리는 공연 시간이 10분을 넘지 않아야 한다고 알렸다. 아이들 입장에서 정확히 가늠하기는 어렵겠지만 한번 고려해보라는 취지였다. 떠오르는 아이디어가 없으면 생활글로 대신해도 된다고 말했다.

그다음 날 조사 결과를 마인드맵으로 정리했다.

내용은 종류별로 묶을 수 있지만 '대다수가 좋아할 만한 소재나 줄거리'는 사실상 존재하지 않는다. 각자 아이디어가 다양했다. "우리 반 친구들이 원하는 연극을 다 합치면 '특별한 능력으로 시공간을 이동했더니 포켓몬스터가 존재하는 세계에서 공주님들이 학교폭력을 저지르고, 옛이야기의 지혜로 이걸 극복하는 내용'이 될 것 같다."라고 말할 정도였다.

아이들 생각을 그대로 살려 세 가지를 다 연극으로 만드는 방법도 있다. 같은 범주를 고른 아이들끼리 옛이야기 팀(5명)과 판타지 팀(4명)을 짜고, 비슷한 범주끼리 묶어 학교폭력 · 친구 팀(4명)을 만든다. 이때 포켓몬 스터(1명), 전쟁(1명), 기타(9명)는 따로 팀을 짜기 어려우므로 앞에서 만들어진 세 팀 중 하나를 고른다. 최종적으로 한 팀당 8~9명인 세 팀이 만들어지는 것이다. 이대로 진행해도 무방할 것 같았다.

여기서 슬며시 걱정이 됐다. 그간의 경험을 돌아보면, 아이들은 극본 창작을 할 때 황당한 줄거리나 웃긴 대사에서 재미를 찾는 경우가 많았다. 개개인의 아이디어가 좋아도 여럿이 조합하는 과정에서 소위 '막장'이 탄생했다. 사전에 주의를 주어도 별 효과는 없었다. 서로 다른 세 팀의 작업에 적절히 번갈아가며 관여할 수 있을까 하는 걱정도 들었다.

몇 가지 방안을 궁리했다. 여러 연극놀이와 다양한 이야기 창작 기법을 활용한 수업을 꾸준히, 면밀하게 진행한다면 효과가 있을 것 같았다. 하지만 7차시 내로 한 편의 연극을 만들려는 계획에는 무리라고 판단했다. 결론은 아이들이 자기 생각을 잘 담을 수 있도록 교사가 '그릇'을 만드는 것이었다. 여기서 미완성 극본이 떠올랐다.

자세히 보면 아이들의 다양한 아이디어에도 한 방향이 있었다. 공통적으로 아이들은 '극적 갈등'이 분명한 이야기를 좋아했다. 소재 및 줄거리로 미루어보았을 때, 평범한 일상에서도 극적인 이야기가 가능하다고 생각하는 아이들은 극소수였다. 그러다 보니 상상의 세계보다는 일상에서 연극을 이끌어내고 싶어졌다.

교실에서 벌어지는 크고 작은 다툼은 그 자체로 극적 갈등이다. 그런데 아이들은 그런 일들을 사소하게만 본다. 우리 반의 연극 수업이 '일상의 재발견'을 가능케 한다면 보람찰 것 같았다. '지금, 우리가 있는 이곳'

을 배경으로 연극을 만들면 간소한 무대로도 효과적인 연출이 가능하다. 연극을 처음 시작하는 아이들에게 적합할 것 같았고, 그래서 교실의 일상을 소재로 미완성 극본을 만들기로 했다.

한편으로 아이들이 적어낸 줄거리에 감탄하며, 이다음에 진행해보고 싶은 교실 연극 소재가 싹트기도 했다. 아이들의 글 중에서 인상 깊었던 내용을 소개한다.

학생 글 I 옛이야기

연극을 만드는 방법에는 두 가지가 있는 것 같다. 첫 번째는 자신이 이야기를 짜는 것이고, 두 번째는 원래 있는 이야기를 패러디하는 것이다. 나는 이야기도 탄탄하고 단점을 보완할 수 있는 두 번째 방법이 더 좋을 것 같았다. 나는 『촛국 먹고 아그그』라는 책을 추천한다. 웃긴 내용도 많고 바꾸기도 쉬울 것 같아서다. 허 선달이 한양에서 초를 사와서 사람들에게 나누어주고 어디에 쓰는지 이야기를 안 해주어서 훈장님이 그것을 먹는 거라고 말한다. 그래서 초를 먹는 이야기이다.

나는 배우나 음향을 맡고 싶다. 배우가 된다면 처음 촛불을 전해준 허 선달이 되고 싶다. 그러면 허 선달이 한양 자랑을 하며 초를 나눠주는 장면과 초의 용도를 알려주는 장면을 잘 소화할 것 같다. ○○는 능청스럽게 거짓말을 하는 훈장님 역할이 잘 어울릴 것 같다. 촛국을 숯국으로 바꾸는 것도 괜찮을 것 같다.

　→ 옛이야기를 활용하는 방식에서 벗어나고 싶은 수업자의 의도가 있어 채택되
　　　지 않았을 뿐, 반 아이들과 함께 작업할 법하다. 옛이야기를 바탕으로 한 연극

만들기는 고학년에서도 아주 잘 통한다.

학생 글 2 판타지

제목은 '마법의 순간이동차'로 할 것이다. 줄거리는 이렇다. 어떤 가족이 차를 샀는데 그 차는 엑셀과 핸들만 있고 브레이크는 없는 고물 차였다. '그래도 새 차를 샀으니까 한 번 타 봐야지.'라는 생각에 엑셀을 밟았다. 내비게이션에 목적지를 쳤더니 갑자기 그곳에 도착한 걸 보고 '아, 이게 순간이동차구나!'라는 걸 깨달았다. 그걸로 외국에도 가고, 북한도 가 보면서 즐겁게 살았다는 줄거리를 쓰고 싶다.

제목은 미러랜드. 스토리는 이렇다. 3명의 아이들은 미끄럼틀을 탔다. 미러랜드로 이어지는 미끄럼틀인데, 미러랜드는 우리 세계와 다른 세상이다. 그 3명은 4개의 보석을 찾아야 집으로 돌아갈 수 있다. 그 길을 막는 미러랜드의 수호신! 그렇게 그들은 4개의 보석을 다 모으고 집으로 돌아간다.

→ 판타지 세계로 떠나는 도입부가 구체적이어서 인상에 남는다. 뒷이야기를 아이들 모두와 함께 창작해보면 좋을 것 같다. 다음 학기 연극 만들기에 활용해 보고 싶다.

학생 글 3 학교폭력

줄거리는 학교폭력인데 ○○와 □□와 △△가 ◇◇를 때리고 돈을 뺏는데 ◇◇가 용감하게 신고해서 애들이 사과한다. 나는 이 연극에서 맞고 돈 뜯기는 역할을 했으면 좋겠다.

줄거리: ○○와 □□는 학교에서 크게 싸웠다. 그래서 옆에 있던 학생이 117에 신고해서 ○○와 □□는 잡혀갔다. 다툼이 다 끝난 줄 알았으나 그곳에서 다시 시작되었다. 117에서는 결론이 나지 않아 법원으로 GO! 법원에서도 다툼이 계속되자 뉴스에까지 나오는데 대통령께서 이 뉴스를 보고 법원으로 찾아와서 말씀하신다. "여러분, 싸우지 말아요~." 그래서 싸움은 끝난다. 왠지 등장인물이 많아서 사람이 많이 필요할 것 같다.

→ 아이들 입장에서 일상과 맞닿는 가장 극적인 소재는 학교폭력일 것이다. 다만 아이들은 '학교폭력' 하면 떠오르는 전형적인 줄거리를 떠올리기 쉽다. 해결 과정도 어딘지 모르게 비현실적이다. 우리 주변의 이야기와 진솔한 감정을 담아내려면 어떤 도움이 필요할까?

학생 글 4 친구

반에서 제일 말괄량이지만 싫어하는 애는 확실히 티내는 가윤. 이혼 가정에서 4차원 소녀로 유명한 수하. 평범하지만 성격은 여자 같은 우재.

평소 수하를 무서워하고 싫어하던 가윤이는 수하의 비밀을 우연히 알고 복수를 결정한다. 실습 시간에 우재, 가윤, 수하는 얼떨결에 같은 모둠이 되어 조리를 한다. 여자애들과도 잘 노는 우재는 수하에게도 거리낌 없이 말을 걸지만 가윤이는 정색하고, 그걸 안 수하는 모둠 활동에 잘 참여하지 않는다. 가윤이는 화가 나 수하의 비밀을 말해버리고, 조용히 한 해를 보내고 싶던 수하는 울음을 터뜨린다. 가윤이는 우재의 말로 자신의 잘못을 깨닫고 수하에게 사과하지만 수하는 못 받아들인다.

우재는 자신이 분위기 메이커라는 사실을 알고 있기 때문에 가윤이와 수하의 사이가 좋아지도록 소통 노트를 만든다. 그 후 3명은 친해지고(친해졌다고 생각하고) 잘 지내는데! 어느 날, 수하는 화장실로 들어가려다가 수하네 반 권세를 휘두르는 소미와 가윤이가 하는 말을 듣고 가윤이를 피한다. 가윤이는 우재에게 그걸 전해 듣고 소통 노트에 사실을 쓴다(그리고 어쩌고저쩌고). 그 후 다시 사이가 좋아지고 끝!

> → 인물들의 구체적인 성격과 심리가 잘 나타난 줄거리였다. 다만 등장인물이 4명이고, 적어도 15~20분 이상 밀도 있게 풀어내야 하는 스토리라서 학급 규모의 극본으로 만들기 어려웠다.

학생 글 5 기타

연극은 ○○가 하면 좋을 거 같아요. 나는 연극에 소질도 없고 관심도 없어서 생각이 나지 않아요. 그래서 궁금한 걸 질문할게요. 연극의 핵심은 뭐죠? 연기? 창의력? 상상력? 알려주세요.

> → 좋은 질문이다. 연극을 시작할 때 혹은 연극을 마쳤을 때 아이들과 얘기해보고 싶은 생각거리였다.

4. 관객을 초대한다

관객을 초대하면 긴장감과 기대감이 생겨 더 의욕적으로 참여할 것 같았다. 학급회의 시간에 연극을 만들어서 다른 반 아이들에게 보여주는 계획에 대해 의견을 들어보았다. "(다른 반 아이들에게) 보여줘요!" 하고 기꺼이 말하는 아이들도 있고, "다른 반이 보는 건 좋은데, 그 반 애들이 (외모나 연기력 등을) 평가하면 싫을 것 같아요."라고 말하는 아이들도 있었다. 또래를 의식하는 고학년에게는 자연스러운 반응이다.

일단은 분위기를 파악하는 데 만족하고, 나중에 결정하자고 했다. 연습을 통해 자신감이 붙은 상태에서 자연스럽게 유도하고 싶었다.

1·2차시
극본 완성하기

1. 연극의 3요소 알기(10분)

연극 수업 첫 시간이기 때문에 연극의 3요소에 대해서 간단히 다뤘다.

교사 이야기의 3요소는 (아이들의 대답 듣고) 인물, 사건, 배경이죠.

그러면 연극의 3요소가 뭐라고 생각해요?

아이 1 인물, 성격, 배경?

교사 그러면 선생님이 퀴즈를 안 냈겠죠?

아이 2 장소, 인물?

교사 장소? 장소랑 약간 비슷해요.

아이들 배경! 환경!

교사 우리가 어디서 연극을 하죠? (아이들의 대답 듣고) 네, 바로 무대예요.

(칠판에 적는다.) 아까 교실이라는 답도 나왔는데, 교실도 훌륭한 무대

가 될 수 있죠. 또 뭐가 있을까요?

아이 3 대사!

교사 그 대사를 누가 만들죠?

아이들 인물! 주인공!

교사 그 인물을 누가 연기하죠?

아이들 배우, 배우!

교사 네, (칠판에 적으며) 배우예요. 그럼 나머지 한 가지는?

아이 4 비탕!

아이 5 이야기!

아이 6 흐름!

아이 7 음향!

아이 8 조명!

교사 음향, 조명[1] 효과도 중요하죠. 하지만 사실 우리가 늘 놓치고 있는 건 이겁니다. (칠판에 적는다.)

아이 9 아~ 관객.

아이들 (미처 생각하지 못했다는 반응) 아아~.

교사 네, 관객은 단순히 연극을 보기만 하는 그런 존재가 아니에요.

아이 10 박수치는 존재!

교사 그게 다는 아닐 거예요.

아이 11 돈 내주는 존재!

교사 어, 우리 학교 연극부는 돈 안 받는데? (웃음)

---

1) 조명, 음향 등은 연극의 3요소 중 '무대'에 해당한다.

아이들은 이야기의 3요소와 연극의 3요소가 같을 거라고 생각하고 있었다. 연극도 이야기를 표현하는 한 방식이라고 여겼던 것이다. 특히 연극의 3요소 중에서 관객을 잘 떠올리지 못했다. 관객의 역할을 수동적으로만 본 것이다. 연극에서는 관객과 배우가 영화나 드라마보다 더 실시간으로, 적극적으로 소통할 수 있으며, 그러한 장점을 극대화한 연극도 많다. 그동안 아이들이 영화나 드라마로 극예술을 자주 접하기는 했지만, 정작 연극다운 연극을 감상할 기회가 많지 않았다는 걸 알 수 있었다.

2. 대사와 지문을 고려하며 미완성 극본 읽기(10분)

아이들의 대답 중 하나였던 '대사'를 실마리로 극본은 대사와 지문으로 이루어져 있다고 덧붙이고, 미완성 극본을 보며 직접 확인해보기로 했다. 미완성 극본은 앞에서 밝혔듯, 일상적인 교실에서 벌어지는 크고 작은 갈등을 소재로 한다. 제목은 〈공개 사과〉로 정했다. 공개 사과 시간에 아이들이 자기 잘못을 밝히기는 하지만, 교사의 바람대로 잘 풀리지 않는다는 내용이다.

아직 역할이 정해지지 않아 대사는 한 사람씩 돌아가며 읽었다. 읽다가 빈칸이 큰 부분은 건너뛰되, 자잘한 빈칸 정도는 즉석에서 적당히 지어 말해보라고 안내했다. 대체로 이름이나 명칭 등을 넣어 읽으면 되기 때문에 무난히 진행되었다.

수업에 사용된 미완성 극본은 다음과 같다.

공개 사과

배경: 교실

등장인물: 아이1(욕함), 아이2 (장난침), 아이3(먼저 때림), 아이4(더 세게 때림),

아이들 ((*_____)로 표시하고 나중에 이름 넣기. 인원수에 따라

배역 조정 가능), 선생님

1장 선생님 말씀

(교실 가운데에 교탁. 양 옆으로 의자가 2개씩 놓여 있다.

선생님이 교탁 앞에 있고, 아이들이 선생님 곁에 서 있다.)

아이들　　우리 반 선생님은 말씀하셨죠.

　　　　　　(※ 아래 선생님 대사는 아이들이 돌아가며 대신 말해도 됨.)

선생님　　잘못해놓고 '난 잘못 없어!' 이러는 인간들 TV에서 많이 보

　　　　　　죠? 그걸 보고 사람들이 뭐라고 합니까? 1번. 우와! 저 사람

　　　　　　강하다! 2번. 우와! 저 사람, 뻔뻔하다! 자, 정답은 몇 번?

아이들　　2번이요!

선생님　　맞아요. 강한 거랑 뻔뻔한 건 다릅니다. 자기 잘못을 정직

　　　　　　하게 인정하는 사람이 되기 바랍니다. 그래야 이전보다 더

　　　　　　나은 사람이 될 수 있습니다. 그 정신을 담아 우리 반에서

　　　　　　는 욕하거나 때리면 공개 사과를 하겠습니다. 그 사과가

진심인지 아닌지는 듣는 분들이 판단해주시기 바랍니다.

아이들　　그렇게 시작된 공개 사과.

2장 욕한 아이

(아이 1, 교탁 앞에 선다.

선생님은 한쪽에 서 있고, 나머지 아이들은 의자에 앉아 있다.)

아이 1　　___이 _____라고 놀려서 제가 욕을 했습니다. 죄송합니다.
　　　　　　앞으로…. 선생님, 정직한 게 나아요, 거짓말하는 게 나아요?

(*___)　　어, 당연히 정직한 게 낫지.

선생님　　그렇지.

아이 1　　앞으로도 _____라고 놀리면 또 욕할 겁니다.

(*___)　　야, 진짜 미안한 거 맞나?

아이 1　　경고는 해놔야지. 그래야 나도 욕을 안 하지.

(*___)　　야, 그럼 거짓말이 낫다고 그러면 뭐라고 할 거였어?

아이 1　　앞으로는 놀림을 당하면 욕하지 않고, 똑같이 놀리겠다.

(*___)　　음, 똑같이 놀리겠다!

(*___)　　그게 거짓말이라고? 그것도 진짜 같은데?

선생님　　(아이들 술렁거리자) 다들 조용! 다음.

3장 장난친 아이

(아이 2, 교탁 앞에 선다.)

아이 2 죄송합니다. 저는 오늘 _____의 물을 몰래 마시려다가 불쌍해서 그냥 안 마시고 그 옆에 있는 _____의 물을 마셨습니다.

(*___) 뭐! 쟤는 불쌍하고, 나는 안 불쌍하냐?

(*___) 난 왜 불쌍한 거냐? 그것도 기분 나빠!

아이 2 죄송합니다. 그리고 점심시간에 여자애들 말다툼이 재미있어 보여서 갔을 뿐인데, 쟤가 "야, 가라고. 가라고! 야!!" 소리를 질러서 저도 질렀습니다. 야!! 야!!!

선생님 네, 다음.

4장 때린 아이들

(아이 3과 아이 4, 교탁 앞에 선다.)

아이 4 _____가 먼저 쳐서 저도 때렸어요. 죄송합니다. 야, 너도 사과해야지!

아이 3 뭔 소리야! (몸동작) 난 이렇게 했는데 넌 이렇게 세게 했잖아!

아이 4 (몸동작) 난 이렇게 한 건데 네가 움직여서 이렇게 맞은 거야!

아이 3 (몸동작) 뭔 소리야! 네가 이렇게 하려고 해서 내가 이렇게 움직였는데 네 주먹이 이렇게 갑자기 날아왔잖아!

선생님 잠깐! ＿＿＿가 먼저 쳤다고 했는데 이유가 있었나요?

아이 3 네. 사실은 예전에 ＿＿＿＿＿＿＿＿＿＿＿＿＿＿＿＿＿

＿＿＿＿＿＿＿＿＿＿＿＿＿＿＿＿＿＿＿＿＿.

선생님 그랬군요. 하지만 말 안 하고 쳤으니 ＿＿＿＿가 어떤 생각
을 했을까요? 1번. '아! 지난날의 잘못으로 내가 맞는 거
구나!' 하고 깨달음. 2번. '갑자기 왜 날 때리는 거야?' 하
고 분노.

아이 3 2번 분노요.

선생님 앞으로 어떻게 할지 말하세요.

아이 3 앞으로는 지난날의 원한을 친절하게 설명하고 나서 때리
겠습니다.

아이 4 앞으로는 말로 경고를 하고 그래도 안 되면 때리겠습니다.

(＊＿) 결국 둘 다 때리겠단 말이잖아.

아이 3 ＿＿＿＿＿＿＿＿＿＿＿! (덤빈다)

아이 4 ＿＿＿＿＿＿＿＿＿＿＿! (덤빈다)

선생님 이게 무슨 공개 사과야, 공개 싸움이지! 포옹할래, 화해할
래? 대답해!

아이 4 (거의 동시에) 화해할래요.

아이 3 (거의 동시에) 포옹할래요.

아이 4 (아이 3이 다가오자 멀어지며) 포옹은 절대 안 해. 차라리 화해
를 하겠어.

아이 3 (아이 4가 멀어지자 다가가며) 화해는 절대 안 해. 차라리 포옹
을 하겠어.

아이 3·4 아, 하지 마. 하지 말라고. (어느새 장난을 치고 있다.)

(*___)　재네 뭐하냐?

아이 4　다음부터 그러지 마라.

아이 3　너나 그러지 마라.

선생님　(당부하는 말투) "그러지 마라." 말고 "죄송합니다."

아이 4　다음부터 죄송합니다.

아이 3　너나 죄송합니다.

선생님　어허!

아이 3·4　죄송합니다.

선생님　네, 들어가세요. (한숨) 여러분, 제가 바랐던 건 이런 게 아니고요.

5장 선생님의 상상(선생님이 바라는 아이들의 사과 모습)

6장 다시 현실

(*___)　선생님, 그게 가능할까요?

선생님　　_____.

(*___) 선생님, 기운내세요. _____.

(*___) 선생님, 기운내세요. 전 그래도 _____는 것보다는 나은

　　　 것 같아요.

(*___) 선생님, 기운내세요. 언젠가는 좋은 날도 있겠죠.

선생님　그래요. _____

　　　　　_____.

　　　　 자, 반가 부르고 마치겠습니다.

(아이들, 반가를 부른다. 단순하고 익살스러운 멜로디)

　　　　　　　　　　　　　　　　　　　　　　　　끝.

　　함께 읽으면서 자연스럽게 '이 부분은 ○○이다.' '얘는 ○○랑 비슷하다.' '이거 딱 ○○인데?' 등의 반응이 나왔다. 교사가 특정 인물을 떠올리며 쓴 것은 아니지만 아이들은 나름대로 생각나는 친구들이 있는 모양이었다.

　　내용을 파악하며 읽는 단계라서 대사를 주고받는 타이밍이나 대사의 느낌, 빠르기 등을 지도하지는 않았다. 하지만 대사와 지문의 역할은 알 필요가 있어 관련된 질문을 하거나 시범을 보였다.

아이 3　뭔 소리야! (몸동작) 난 이렇게 했는데 넌 이렇게 세게 했잖아!

아이 4　(몸동작) 난 이렇게 한 건데 네가 움직여서 이렇게 맞은 거야!

아이 '이렇게'가 어떻게 했다는 거지?

교사 지문에 뭐라고 쓰여 있죠?

아이 몸동작이요.

교사 그럼 어떤 몸동작을 넣을까요? (몸짓을 넣어 시범) 이렇게 하면 될까요?

아이들 (자기 나름의 몸짓으로) 이렇게!

3. 극본 만들기(20분)

〈공개 사과〉	전반부	1장 선생님 말씀 2장 욕한 아이 **3장 장난친 아이**	2모둠, 3모둠, 5모둠
	후반부	4장 때린 아이들 **5장 선생님의 상상** 6장 다시 현실	1모둠, 4모둠, 6모둠

• 전체 25명, 6모둠(한 모둠당 4~5명)
• 3장, 5장: 빈칸이 큼. 아이들이 만들어야 할 주요 장면

극본을 크게 전반부(1~3장)와 후반부(4~6장)로 나누었다. 한 모둠이 세 장면씩 채우기로 하고, 2·3·5모둠이 전반부를, 1·4·6모둠이 후반부를 맡았다. 똑같은 전반부여도 세 모둠의 창작 결과는 다 다를 것이다. 세 모둠의 결과물 중 가장 좋은 것을 선택할 거라고 알렸다. 진한 글씨로 표시한 장부터 완성하고, 시간이 남으면 나머지 대사의 입말을 살리고 자잘한 빈칸도 채우기로 했다.

이때 어떤 아이가 "선생님, 혼자 써요, 다 같이 써요?"라고 질문했다.

그 의미를 풀면 이런 내용이었다.

① 각자 완성한 다음 모둠 내에서 가장 잘한 아이의 것을 뽑을까?
② 처음부터 모둠원이 이야기를 나누며 함께 완성할까?

잠시 생각하다가 2번으로 하라고 답했다. 1번의 경우 각자 머릿속으로 생각한 대사 '쓰기'를 하게 되는데, 그보다는 서로 '말'을 주고받으며 대사를 함께 적는 쪽이 연극에 더 어울릴 것 같았다. 관찰 결과 네댓 명이 의견을 잘 모은 모둠도 있었고, 두세 명이 활동을 주도하자 나머지 한두 명이 불편해하는 모둠도 있었다. ①과 ② 중에서 어느 쪽이 더 효과적이라고 단정하기는 어렵다. 아이들의 특성과 상황에 따라 다를 것이다. 먼저 마친 모둠부터 발표를 준비하기로 했다.

아이들에게는 정답은 따로 없다는 것을 강조하였다. 미완성 극본은 말 그대로 교사가 쓴 부분까지도 미완성일 수 있음을 의미한다. 오히려 교사보다 아이들이 자신의 입말을 더 잘 살린 대사를 만들 수 있다. 대사 내용을 바꿔도 된다. 예를 들어, 아이 2의 대사인 "죄송합니다. 저는 오늘 _____의 물을 몰래 마시려다가 불쌍해서 그냥 안 마시고 그 옆에 있는 _____의 물을 마셨습니다."에서 물을 마시는 내용을 다른 내용으로 바꿀 수 있다.

4. 발표하기 (15분)

전반부에서 세 가지, 후반부에서 세 가지 극본이 나왔기 때문에 아이

전반부(2, 5모둠)

후반부(1, 6모둠)

들은 발표를 듣고 어느 극본이 가장 좋은지 평가해야 한다. "연극으로 보여주세요."라고 하면 준비와 발표에 30분 이상 걸릴 수 있어 "극본을 낭독해주세요."라고 했다. 주요 장면을 먼저 발표하고, 나머지 장면은 빈칸에 넣은 대사만 말하는 방법으로 요령 있게 발표하게 했다.

모둠별로 2~3분씩 총 15분이 걸렸다. 발표 모둠은 극본을 낭독하고, 나머지 모둠원들은 기억에 남는 대사를 말하는 방식으로 피드백을 주었다.

5. 우리 반 극본 정하기(15분)

극본을 돌려보는 데 10분, 그중에서 가장 좋은 극본을 결정하는 데 5분이 걸렸다. 극본 돌려보기는 계획에 없었지만 추가된 활동이다. 발표를 한 번만 듣고는 정확히 기억하기 어려웠고, 자기 모둠의 발표를 준비하다가 다른 모둠의 발표를 놓치는 경우도 있었기 때문이다. 1모둠 극본을 2모둠에, 2모둠 극본을 3모둠에 넘기는 식으로 극본을 돌려서 꼼꼼히 읽어보았다.

그다음 아이들은 가장 마음에 드는 극본을 거수로 결정했다. 전반부는 5모둠, 후반부는 1모둠이 뽑혔다. 득표 결과는 1~2차시 수업을 마친 후 교사가 극본을 엮을 때 참고했다. 5모둠과 1모둠의 것을 우선 반영하고, 그다음으로 나머지 모둠의 것을 부분적으로 반영했다.

시간이 있었다면 극본에 대한 피드백을 더 주고받았을 것이다. 칠판에 모둠별 극본을 자석으로 붙이고, 아이들이 포스트잇 등으로 댓글을 다는 방식을 활용했을 것이다.

6. 연습 계획 논의하기(10분)

우선 '모든 사람이 배우를 할까, 원하는 사람만 배우를 할까?'를 결정해야 했다. 극본에 필요한 인원수가 7~14명 정도라서 두 가지 선택이 가능했다.

	1안	2안
방법	• **모두가 배우로 참여한다.** • **배우들은 스태프를 겸한다.** • 2개이 '배우 겸 스태프 팀'이 된다. (팀별로 12~13명 가능)	• **어떤 아이는 배우로만, 어떤 아이는 스태프로만 참여한다.** • 배우 팀 1개, 스태프 팀 1개가 된다. (배우 팀은 10~14명까지 가능)
장점	• 모든 아이들이 연기를 체험하면서 표현력을 기를 수 있다.	• 한 팀만 연기를 지도하면 되기 때문에 연습을 효율적으로 할 수 있다.
단점	• 두 팀의 연기를 번갈아봐야 하기 때문에 연습 시간이 예상보다 더 걸릴 수 있다.	• 배우들 연기에 주력하다 보면 연습 과정에서 스태프가 소외될 수 있다.

결과는 11대 14로 2안으로 결정되었다. 1안으로 모든 아이가 연기를 체험하기를 바랐지만 아이들이 2안을 선택했기 때문에 배우 팀과 스태프 팀을 따로 구성했다. 대신 다른 반을 관객으로 초대하겠다고 공언했다. 그래야 포스터, 홍보 작업에 힘이 실리기 때문이다. 연기를 하고자 하는 아이들은 이 계획에 적극 찬성했고, 연기를 꺼리는 아이들도 '난 스태프를 하면 되겠지?' 하는 마음으로 거부감 없이 찬성했다. 덕분에 순조롭게 결정되었다.

3차시
역할 나누기

1. 오디션 안내하기, 스태프 팀 구성하기(15분)

가위바위보로 간단히 결정될 거라는 예상과 달리 오디션을 봐야 하는 상황에 놓이자 두셋이 배우 하차(?)를 고려하기도 했지만, 결정을 번복하지는 않았다. 선생님 역이나 아이 1~4를 지망하는 경우 30초 동안 극본의 대사대로 연기하고, 나머지 배역은 오디션을 보지 않은 사람을 대상으로 교사가 임의로 배분했다. 준비 시간은 10분 주었다.

배우들이 오디션을 준비하는 동안 나머지 아이들을 데리고 스태프 팀을 꾸렸다. 배우와 스태프의 역할이 완전히 분리된 것은 아니다. 비중이 상대적으로 적은 배우에게 비중 있는 스태프를 맡겨 균형을 맞추면 좋다.

스태프 팀

구분	맡은 일	명단
포스터 팀	• 포스터 제작	유정, 수진, 가람, 나연, 신혜, 시우
진행 팀	• 촬영 • 홍보	승현(미정)
음향 팀	• 막간음(등장 및 퇴장) • 5장에 넣을 음악 (진심 어린 사과 & 감동받는 선생님) • 반가 짓기(마지막 장)	경일, 현수, 우성, 정민

홍보는 포스터 팀에서 맡는 것이 좀 더 연계성이 있지만, 진행 상황을 봐서 포스터 팀과 음향 팀 중 작업이 일찍 끝나는 쪽에 맡기기로 했다. 홍보를 맡을 경우 공연을 소개하는 인사말을 짜고 실제로 홍보를 할 가능성을 염두에 둔다.

다음 수업부터 교사가 배우들의 연기 지도에 상대적으로 많은 시간을 할애하겠지만, 그렇다 해도 스태프의 중요성을 놓치면 안 된다. 자칫 아이들에게 스태프는 배우보다 덜 중요한 사람이라는 잘못된 인식을 심어 줄 수 있기 때문이다.

스태프는 스태프만의 고유 영역이 있다. 사람들은 출연 배우들에 주목하지만, 실제 제작 과정에서는 스태프도 매우 중요한 역할을 맡는다. 아이들이 교실 연극을 한 뒤, 이전과 달라진 시선으로 스태프를 보게 되면 좋겠다는 생각을 했다.

〈공개 사과〉는 포스터, 음향, 진행(홍보 · 촬영) 스태프만 꾸렸다. 공연 장소가 교실이라 별도의 조명 효과는 없었고, 진행은 교사가 맡았다. 하지만 아이들이 수행할 수 있는 스태프 역할은 매우 다양하다.

• 음향
– 문 여닫는 소리, 경고음 등 간단한 음향은 인터넷에서 쉽게 구할 수 있다.
– 분위기를 표현하는 음향으로 흔히 동요나 가요를 떠올릴 수 있다. 이때 노랫말이 대사 전달에 방해가 될 수 있으니 유의해야 한다. 단, 관객 입장, 공연 시작과 끝 무렵, 막간 음악으로 넣는 것은 가능하다. 노랫말이 공연 내용과도 얼추 맞으면 더 좋다.
– 악기를 직접 연주할 경우 실로폰이 활용도가 가장 높다. 대사가 묻히지 않기 때문이다. 우드블록 등의 타악기도 쓸모가 있다. 등장 및 퇴장을 하는 막간에 활용할 수 있다.

• 조명
– 교실 상황에서 조명 효과를 살리려면 별도의 장비가 필요하다. 학교 시청각실 등 조명 장비를 갖춘 공간이 있는 경우, 조명의 비중이 커질 것이다. 조명이 있는 쪽으로 관객을 집중시키고, 조명에 따라 다양한 분위기를 낼 수 있다.

• 진행(홍보 · 촬영)
– 티켓을 배부하고, 관객이 질서 있게 입장하고 퇴장할 수 있게 돕는다.
– 시작 전 간단히 공연을 소개하고 관람 예절에 대해 안내한다.
– 공연 실황을 녹화한다. 공연을 마친 후 평가회를 가질 때 자료로 활용할 수 있다.

※ 촬영은 대부분의 아이들이 선호하는 역할이다. 연극에서 제 역할을 찾지 못하여 나서기를 꺼려하는 아이에게 촬영을 맡기면, 비교적 편안하게 역할을 수행한다. 공연 당일뿐만 아니라 연습 과정 사진도 찍도록 한다.

2. 오디션 진행과 심사 및 명단 발표, 소감 나누기(25분)

오디션은 아주 열띤 분위기에서 펼쳐졌다. 운 좋게 경쟁 상대가 없어 선발된 배역도 있었지만 대부분의 역에 2~3명씩 지원했다. 다음과 같은 흐름으로 선생님, 아이 1~4까지 뽑았다.

> 1. 목소리 크기와 발음이 알맞은가?
> 2. 말투, 표정, 몸짓이 실감나는가?

교사 (칠판에 기준을 적은 후) △△역을 지망하는 배우들은 나오세요.

배우 두 번 할 수 있어요? 선생님 오디션도 하고, 아이 2 오디션도 하고.

(배우 한 명이 여러 배역의 오디션을 볼 수 있냐는 의미이다.)

교사 기회는 한 번입니다.

배우들 (교실 앞으로 나온다.)

교사 준비된 사람부터 교탁 앞에 서서 30초 동안 연기를 보여주면 됩니다.

배우 A 대사 보고 해도 해요?

교사 네. 다만, 극본만 보고 읽기보다는 관객도 보면서 하세요.

배우 A (30초 동안 연기)

교사 시간 다 되었어요. 다음 배우, 보여주세요.

배우 B (30초 동안 연기)

교사 자, 이제 △△역을 연기한 배우들은 뒤돌아서세요. 연기를 본 사람들이 손을 들어서 배우를 뽑아주세요. 먼저 김○○. (몇 명이 손을 들었는지 조용히 센다.) 네, 손 내리고. 이○○. (수를 센다.)

배우들 (뒤돌아서서 기다리는 동안) 으으, 나 몇 표야? 엄청 떨려! 이게 뭐라고!

교사 네, 심사 결과 이○○이 △△역에 뽑혔습니다. 박수!

　　　△△역에 참가한 배우들끼리 악수해주세요. 수고했습니다.

　배우들이 뒤돌아서고 아이들이 손을 들게 했더니 시간을 절약하면서 비밀 유지도 웬만큼 할 수 있었다. 종이로 투·개표를 하는 것보다 손쉽고 빠르며, 배우는 누가 자신을 뽑았는지 알 수 없어 아이들도 배우의 반응을 의식하지 않고 결정할 수 있다. (물론 심사한 아이들은 다른 사람이 손드는 걸 보고 나서 배우에게 알릴 수 있겠지만 보통은 그렇게까지 하지 않는다. 그래도 걱정되면 다른 방법을 권한다.)

　오디션 기준을 사전에 좀 더 분명히 알게 해야 했다는 아쉬움은 남았지만 결과적으로는 해당 배역에 잘 어울리는 아이들이 뽑혔다.

3. 수업 후에 극본 엮기

수업이 끝난 후에 극본에 아이들의 이름을 넣었다.

* 오디션 선발 배역(선생님, 아이 1~4)을 제외한 나머지 아이들에게는 한 명당 2~3개의 대사가 있게끔 고루 배분했다. 오디션에 참가했으나 원하는 역을 따내지 못한 배우에게 상대적으로 더 비중 있는 대사를 주었다. 오디션에 참가하지 않은 배우들은 연극에 참여는 하고 싶지만 연기에 부담을 느낄 가능성이 높기 때문에 다른 대사로도 충분할 거라고 보았다.

- 아이들 역은 1~3장끼리 모이고 4~6장끼리 따로 모여서 연습할 수 있게 이름을 넣었다. 선생님 역은 1~6장에 다 나오니 양쪽을 부지런히 오가며 연습해야겠지만, 아이들 역만 잘 구분해놓아도 연습할 때 더 편리하다.

극본의 수정사항은 다음과 같다.

- 다시 읽어보니 1장의 선생님 대사를 혼자 다 외우려면 부담될 것 같았다. 선생님 대사 일부를 다른 배역에게 나눠주고, 양도 줄였다.
- 득표수가 높은 5모둠 글을 3장에 우선 반영했는데, 3모둠 것을 섞어도 잘 어울렸다. 이런 식으로 나머지 장면에서도 여러 모둠의 내용을 부분 반영했다.
- 장난친 아이 역의 특기가 마이클 잭슨 춤이어서 극본에 반영했다.
- 5장에서 아이들이 만든 극본에는 2명이 나오는데 3명으로 늘렸다. 세 번째 아이에게 원하는 대로 대사를 만들게 했다. 극본을 만들 때 모둠에서 자기 의견이 잘 반영되지 않아 아쉬워하던 아이가 의욕적으로 참여했다. 이렇게 해서 극본이 완성되었다.

공개 사과

배경: 교실

등장인물: 장재인 선생님, 예현, 범도, 은하, 하엘, 우성, 윤성, 희준, 태형, 유리, 서영, 기영, 민성, 승호

1장 선생님 말씀

(교실 가운데에 교탁. 양 옆으로 의자가 2개씩 놓여 있다. 선생님이 교탁 앞에 있고, 아이들이 선생님 곁에 서 있다.)

우성 우리 반 선생님은 말씀하셨죠.

선생님 잘못해놓고 '난 잘못 없어!' 이러는 인간들 TV에서 많이 보죠? 그걸 보고 사람들이 뭐라 합니까? 1번. 우와! 저 사람 강하다! 2번. 우와! 저 사람, 뻔뻔하다! 자 정답은 몇 번?

아이들 2번이요!

(아이들이 선생님을 흉내 내고, 선생님은 표정과 몸짓만 곁들인다.)

윤성 맞아요. 강한 거랑 뻔뻔한 건 다릅니다. 자기 잘못을 정직하게 인정하는 사람이 되기 바랍니다.

우성 그래야 이전보다 더 나은 사람이 될 수 있습니다. 그 정신을

담아서 어쩌고저쩌고….

유리 그렇게 시작된 공개 사과.

2장 욕한 아이

(예현, 교탁 앞에 선다.)

예현 조윤성이 빵꾸똥꾸라고 놀려서 제가 욕을 했습니다. 죄
송합니다. 앞으로…. 선생님, 정직한 게 나아요, 거짓말
하는 게 나아요?

희준 어, 당연히 정직한 게 낫지.

예현 앞으로도 빵꾸똥꾸라고 놀리면 또 욕할 겁니다.

태형 야, 진짜 미안한 거 맞냐?

예현 경고는 해놔야지, 그래야 나도 욕을 안 하지.

희준 야, 그럼 거짓말이 낫다고 하면 뭐라고 할 거였어?

예현 앞으로는 놀림을 당하면 욕하지 않고, 똑같이 놀리겠습니다.

태형 음, 똑같이 놀리겠다!

희준 그게 거짓말이야?

태형 그것도 진짜 같은데?

선생님 (아이들 술렁거리자) 다들 조용! 다음.

3장 장난친 아이

(범도, 교탁 앞에 선다.)

범도 저는 오늘 우성이 물을 몰래 마시려다가 불쌍해서 그냥 안 마시고 그 옆에 있는 윤성이 물을 마셨습니다.

윤성 뭐! 쟤는 불쌍하고, 나는 안 불쌍하냐?

우성 난 왜 불쌍한 거냐? 그것도 기분 나빠!

범도 죄송합니다. 그리고 점심시간에 여자애들 말다툼이 재미있어 보여서 갔을 뿐인데, 김유리가 '야, 가라고. 가라고! 야!!' 이래서 저도 질렸습니다. 야!! 야!!!

유리 야! 그리고 개다리춤 췄잖아!

범도 아, 네. 김유리가 막 소리 지르고 화내서 제가 '홧병 났네, 홧병 났어.' 이러면서 춤췄습니다(개다리춤이 아닌 다른 춤).

유리·우성 그 춤이 아니잖아!

범도 앞으로는 분위기를 파악하겠습니다. 불쌍히 여겨서 죄송하고, 물 마셔서 죄송하고, 소리 질러서 죄송하고, 춤 춘 건 잘 했고….

선생님 (말 자르고) 네, 다음.

범도 앗! 진짜 진심으로 죄송.

선생님 (말 자르고) 네~~ 다음.

4장 때린 아이들

(은하와 하엘, 교탁 앞에 선다.)

은하 김하엘이 먼저 쳐서 저도 때렸습니다. 죄송합니다. 야! 너도 사과해야지!

하엘 뭔 소리야! (몸동작) 난 이렇게 했는데 넌 이렇게 세게 했잖아!

은하 (몸동작) 난 이렇게 한 건데 네가 움직여서 이렇게 맞은 거야!

하엘 (몸동작) 뭔 소리야! 네가 이렇게 하려고 해서 내가 이렇게 움직였는데 네 주먹이 이렇게 갑자기 날아왔잖아!

선생님 잠깐! 하엘이가 먼저 쳤다고 했는데 이유가 있었나요?

하엘 네. 사실은 예전에 은하가 제 신발에서 발냄새 난다고 놀렸어요.

선생님 그랬군요. 하지만 말 안하고 쳤으니 은하가 어떤 생각을 했을까요? 1번. '아! 지난날의 잘못으로 내가 맞는 거구나!' 하고 깨달음. 2번. '갑자기 왜 날 때리는 거야?' 하고 분노.

하엘 2번 분노요.

선생님 앞으로 어떻게 할지 말하세요.

하엘 앞으로는 지난날의 원한을 친절하게 설명하고 나서 때리겠습니다.

은하 앞으로는 말로 경고를 하고 그래도 안 되면 때리겠습니다.

서영 결국 둘 다 때리겠단 말이잖아.

하엘 다시 또 해봐? (덤빈다)

은하 들어와, 들어와! (덤빈다)

선생님 이게 무슨 공개 사과야! 공개 싸움이지. 포옹할래, 화해할래? 대답해.

하엘·은하 (동시에) 화해할래요. / 포옹할래요.

하엘 (은하가 다가오자 멀어지며) 포옹은 절대 안 해. 차라리 화해를 하겠어.

은하 (하엘이 멀어지자 다가가며) 화해는 절대 안 해. 차라리 포옹을 하겠어.

하엘 · 은하 아, 하지 마. 하지 말라고. (어느새 장난 치고 있다.)

서영 쟤네 뭐하냐?

은하 다음부터 그러지 마라.

하엘 너나 그러지 마라.

선생님 '그러지 마라.' 대신에 '죄송합니다.' 넣어서.

은하 다음부터 죄송합니다.

하엘 너나 죄송합니다.

선생님 (버럭) 어허!

하엘 · 은하 죄송합니다.

선생님 (한숨) 여러분, 제가 바랐던 건 이런 게 아니고요.

5장 선생님의 상상

(승호, 민성, 기영, 교탁 앞에 선다.)

승호 (울먹이며) 오늘 점심시간에 민성이가 저를 때려서 저도 화가 나서 민성이를 더 세게 때렸습니다. 정말 죄송합니다.

민성 (함께 울먹이며) 제가 점심시간에 승호를 장난으로 때렸습니다. 근데 승호가 많이 화가 나서 저를 때렸습니다. 장난이었지만 때린 건 정말 죄송합니다. 앞으로는 상대방의 기분을 생각하면서 행동하겠습니다.

기영 (더 크게 울먹이며) 모든 게 제 잘못입니다! 애들이 소주를 먹고 싶다고 해서 장난으로 줬는데 술 취해서 싸움박질을 했습니다. 다시는 그러지 않겠습니다.

선생님 (감동의 눈물) 네, 너무 아름다워요! 뷰티풀!

6장 다시 현실

서영 선생님, 그게 가능할까요?

선생님 그러게요.

기영 선생님, 기운내세요. 사는 게 다 그런 거죠.

민성 선생님, 기운내세요. 전 그래도 사과 안 하는 것보다는 나은 것 같아요.

승호 선생님, 기운내세요. 언젠가는 좋은 날도 있겠죠.

선생님 그래요. 원래 사람이 변하는 덴 시간이 필요한 법이니까요. 자, 반가 부르고 마치겠습니다.

(아이들, 반가를 부른다. 단순하고 익살스러운 멜로디.)

끝.

4·5차시
장면 만들기

	도입	역할을 맡아 극본 읽기 / 활동 안내			10분
4 차 시	활동1	배우 팀	스태프 팀		
			포스터 팀	음향 팀	
		장면 만들기 (1~3장)	포스터 시안 만들기	반가 후보곡 만들기	20분
5 차 시	활동2	장면 만들기 (4~6장)	포스터 제작하기	5장에 들어갈 음악 정하고 연습하기	25분
	활동3	연결 연습			20분
	정리	마무리 및 차시 예고			5분

1. 역할 맡아 극본 읽기, 활동 안내

극본을 교사 책상에 올려두니 아이들이 매우 궁금해 했다. "어, 진짜 나왔네!"라는 반응이었다. 한 아이가 슬쩍 보더니 "선생님, 진짜로 극본에 빵꾸똥꾸가 나왔어요?"라고 말했다. '빵꾸똥꾸'는 입말로만 돌아다니는 말인데, 극본에 글자 그대로 박혀 있으니 느낌이 남달랐을 것이다. 쉬는 시간에 배우들에게 미리 극본을 주고 자기 대사를 확인해보도록 했다.

캐스팅을 마친 후 첫 극본 읽기 시간이다. 모두가 돌아가며 읽었던 어제 분위기와 사뭇 달랐다. 배우가 자신의 역할을 잘 살려 읽으니, 듣는 사람들도 더욱 집중할 수 있었다. 우리 모둠이 쓴 대사를 귀로 직접 확인하고자 하는 마음도 집중의 한 요인이 되었을 것이다.

극본을 읽다 보면 이따금 놓치는 지문이 있다. 예를 들면 '(아이들이 웅성거리자)' 같은 지문이다. "여러분, 웅성거려야죠"라고 했더니 어떤 아이들은 말 그대로 "웅성웅성웅성!"이라고 하고, 어떤 아이들은 웅성거리는 소리보다 더 들뜬 소리를 내고, 선생님 역 아이가 진짜 선생님처럼 연거푸 "조용!"을 외쳤다. 극본을 읽는 동안 많이 웃었다.

본격적으로 연습에 들어갔다. 스태프는 교사의 지도를 받지 않고도 어느 정도 독립적으로 움직여야 하기 때문에 무엇을 어떻게 하고, 언제 확인받아야 하는지를 활동지에 구체적으로 표시하였다.

2. 스태프 팀: 포스터와 음향 준비하기

(1) 포스터 팀

먼저 포스터 팀에 필요한 공연 정보(공연 일시, 장소, 명단 등)를 넘겼다. 그다음에는 개인 작업으로 할지, 협동 작업으로 할지를 정하게 했다. 아이들은 1인당 하나씩 포스터를 완성할지, 협동 작업으로 스케치 담당, 채색 담당, 글씨 담당을 정해 여러 명이 포스터를 완성할지를 논의했다.

배우들과 연기를 맞춰보던 중에 포스터 팀에서 요청이 들어왔다. 컴퓨터로 포스터를 만들어보고 싶다는 것이었다. 포스터 팀 학생이 총 6명이라서 교실 컴퓨터 한 대로는 작업이 어려울 것 같았다. 남은 시간에 포스터 시안을 손으로 그려보고, 5교시부터 컴퓨터 교실을 사용할 수 있는지 알아보기로 했다. 5교시에 마침 사용 가능해서, 포스터 팀은 안전 관련 주의사항을 숙지하고 컴퓨터 교실로 이동했다.

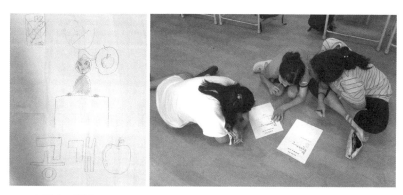

포스터 회의. 역할을 나누고 스케치를 했다.

(2) 음향 팀

음향 팀에서는 반가의 조건에 따라 후보곡을 두 가지 만들었다.

① 무반주

② 길이가 짧은 노래

③ 처음 듣는 사람도 쉽게 따라 부를 수 있는 중독성 있는 멜로디

④ 우리 반의 사기를 높이는 유익한 가사

배우들과 연습하는 도중에 음향 팀이 만든 반가를 들어보았다. 배우들은 '(광고에 나오는 멜로디) 왼손은 쫙 펴고 오른손으로 셋 세고, 5학년 3반~'과 '(구호에 가까움) 활기 뿜뿜 생기 뿜뿜 5학년 3반, 헤이!' 중에서 두 번째 것을 골랐다.

반가는 금방 만들었는데, 장면에 들어갈 음악에서 막혔다. 실로폰은 준비되었지만 막상 떠오르는 노래가 없는 모양이었다. 교과서에 있는 동요 중에서 분위기에 어울리는 것을 골라보자고 제안했지만, 노래를 부를 줄 아는 것과 그걸 연주할 줄 아는 것은 다른 문제였다. 계이름으로 바꾸기 어려워 바로 연주곡으로 소화해내기 어려워하는 학생도 있었다. 계이름이 실린 악보 몇 가지를 골라줄 테니 그중에서 결정하는 게 어떻겠느냐고 제안하자 한결 편안해하는 표정이었다.

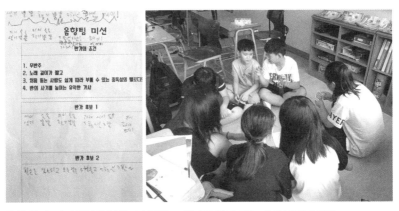

음향 회의. 어떤 반주를 넣을지 상의하고, 반가를 만들 때는 회의 기록도 했다.

"선생님, 다 했어요. 우리 이제 뭐 해요?"라는 말을 들을까 봐 걱정했는데, 다행히 스태프들도 배우 못지않게 바빴다. 포스터 팀에서는 한 가지 시안으로 다 함께 작업하다가 시간이 부족해서 한 아이가 집에서 마무리해 다음날 가져오기로 했다.

3. 배우 팀: 장면 연습, 즐거운 NG 반복하기

대사 읽기 및 외우기

		배우 팀		
	전반부	1장 선생님 말씀	우성, 유리, 윤성, 예현, 희준, 태형, 범도	
		2장 욕한 아이		
〈공개 사과〉		**3장 장난친 아이**		장재인 (선생님 역)
		4장 때린 아이들		
	후반부	**5장 선생님의 상상**	하엘, 은하, 서영, 승호, 민성, 기영	
		6장 다시 현실		

크게 전반부, 후반부를 기준으로 아이들을 나눴다. 한쪽을 교사가 지도하는 동안 다른 한쪽은 '대사 외우기'를 염두에 두며 대사를 여러 번 말하고 익히게 했다. 선생님 역은 모든 장면에 다 나오기 때문에 전반부와 후반부를 오가며 연습했다.

나는 장면을 순서대로 지도했지만, 꼭 순서대로 할 필요는 없다. 특히

〈공개 사과〉는 비교적 독립된 이야기들로 구성되어 있어 더 자유롭다. 한 팀이 연습하는 동안 다른 한 팀이 늘어지는 것을 원치 않는다면 장면 1-4-2-5-3-6 순으로 양쪽을 오가며 지도해도 된다.

전반부에 20분, 후반부에 25분 정도로 균형 있게 연습이 진행되었다. 좀 더 '시간'을 우선해서 각 팀의 연기를 골고루 보았다면 어땠을까? 전반부를 지도하다가 정해진 10분이 다 차면, 계획된 장면을 다 하지 못했어도 일단 알아서 연습하도록 지침을 주고 바로 후반부로 갈아타서 10분 동안 지도하고, 다시 전반부, 후반부 순으로 시간을 지켜 지도하면 양측 다 긴장의 끈을 놓지 않고 연습할 수 있지 않았을까?

하지만 정답은 없다. 계획대로 진행한 걸로 봐서 아이들끼리 어느 정도 알아서 연습을 한 셈이다. 때에 따라서는 교사 없이 연습하는 것보다 다른 팀 연습 장면을 참관하는 게 더 나을 수도 있다. 분위기에 맞게 진행하면 된다. 연습하다 보면 교사가 세운 계획과 달라질 수 있다. 어찌 보면 당연하다. 계획은 계획대로 되게 하려고 짜는 것이 아니라, 변하는 상황에 따라 대응할 수 있는 구체성을 확보하기 위해 짜는 것이다.

주어진 시간에 완벽하게 아이들을 통제하고 이끌어 나가려는 욕심을 버리기로 했다. 교사 느낌에 80% 정도 만들어졌다고 느낄 때, 아직 무대에 올리면 안 될 것 같은 그때, 아이들이 올라가면 놀랍게도 95%가 나온다. 연습 과정에서는 숱한 실수와 시행착오가 생긴다. 어느 교실이든 어느 반이든 마찬가지다. 지난날을 돌아보면, '이때까지 이만큼은 연습을 했어야 하는데…. 이래서 제때 공연을 할 수 있을까?' 하는 초조한 마음이 가장 큰 적이었다. 이미 노력하고 있는 아이들을 향해 왜 노력하지 않느냐고 안달을 내기도 했다. 완벽하게 준비되기 전까지는 안심이 되지 않았고, 연습 막바지에 실수를 하면 불안해졌다. 아이들만 실수하는 것처럼 보였지만, 사실 교사도 여유를 갖지 못하는 실수를 범했던 것이다.

실수 좀 하면 어떤가? 관객이 보기에 '최선을 다해 준비했구나.' 하는 인상을 준다면 실수해도 괜찮다. 오히려 실수가 있어서 더 웃음이 난다. 연극이 주는 현장성의 재미가 있으니까. 화내고 지적해도 별반 나아지는 것은 없다. 오히려 '즐거운 NG'로 여기면 연습이 즐거워지고, 더 나은 결과가 나온다는 믿음을 갖자. 교사가 유도할 필요도 없이 아이들이 작은 실수에 웃을 때 함께 즐거워하면 된다.

(1) 연기 지도의 실제

〈공개 사과〉는 기본적으로 한두 명이 교탁 앞에 나와서 공개 사과를 하고, 곁에 있는 아이들이 반응하고, 선생님이 장면마다 끝맺음하는 방식이 반복되기 때문에 동선이 단순하다. 그만큼 대사의 느낌을 다루는 데 시간을 할애할 수 있었다.

아이들에게 대사를 말해보고, 연기 면에서 더 발전시킬 부분을 피드백하고, 바로 다시 해보게 하면서 반복 연습을 시켰다. 물론 4~5차시가 끝난 후 대사 외워오기를 과제로 내주겠지만, 다함께 연기를 맞춰볼 때 대사를 연습하는 것이 도움이 된다. 핵심은 기계적인 반복이 아니라 '의미 있는 반복'이다. '같은 대사, 다른 느낌'을 다양하게 시도하며 연기의 묘미를 즐겨보자.

(2) 교사의 피드백

① 발성

아이들이 상대방과 대사를 주고받다 보면 목소리가 작아진다. 이유는 눈앞에 있는 상대방과 대사를 주고받는 지금 상황이 평소 일상생활에서 대화하던 상황과 매우 유사하기 때문이다. 그러나 상황은 같아 보일지 몰라도 목적이 다르다. '관객에게 전달하기'가 목적임을 명심해야 한다.

> **교사** 지금 네가 상대방한테 대사를 들려주고 있지만, 상대 배우는 이미 네 대사를 다 알고 있어. 그럼 네 대사는 누구 들으라고 하는 거야? 관객 들으라고 하는 거겠지? 상대가 눈앞에 있어도, 사실은 멀찍이 있는 관객에게 말하는 거라고 생각하고 목소리에 힘을 실어야 해. 평소보다 천천히 또 박또박 말하고.

연습 단계에서 배우들끼리 멀찍이 서서 대사를 주고받게 하거나, 누군가가 관객을 대신하여 교실 맨 뒤에서도 대사가 잘 들리는지 실시간으로 확인해주는 것이 좋다. 이는 '듣는 사람이 있는 저쪽까지 전달해야 한다는 인식'을 심어주는 데 도움이 된다.

② 발음

배우는 대사를 이미 아니까 쉽게 말하고 지나가지만, 관객 입장에서는 말이 빠르거나 발음이 불분명해서 놓칠 만한 대목이 있다. 그 부분을 잘 표시하고, 바로 고쳐서 말해보게 한다. 자잘한 실수도 즐거움의 재료가 될 수 있다.

교사　'개다리춤'이라는 말이 잘 들려야 하는데 '다리춤'으로 들리네요. 다시
　　　해봅시다.

교사　'잘못해놓고 난 잘못 없어! 이러는 인간들' 이 부분은 (시범을 보이고)
　　　좀 더 천천히 말해보세요. 그래야 관객한테도 들려요.

재인　(엉엉 우는 소리를 내며) 으어어~ 너무 아름다워요. 뷰티풀!
교사　우는 연기 좋아요. 근데 울다 보니 대사가 다 묻히네. 이 부분만 다시
　　　한 번 더.

교사　'강한 거랑 뻔뻔한 건 다릅니다.' 이게 '강한 거랑 **뽀뽀**한 건 다릅니다.'
　　　로 들려요.
아이들　(왁자하게 웃음) 응?! 뽀뽀?
교사　(웃으며) 다시 말해볼까요?

③ 말투와 표정

범도　아, 네. 김유리가 막 소리 지르고 화를 내서 제가 '홧병 났네, 홧병 났
　　　어.' 이러면서 춤췄습니다(개다리춤이 아닌 다른 춤).
교사　'홧병 났네, 홧병 났어.' 할 때, 그 당시 어떻게 했는지 보여줘야 해요.
　　　놀릴 때 어떤 말투였는지, 무슨 표정을 지었는지. 그냥 읽듯이 지나가
　　　면 대사 느낌이 죽어요.

재인 이게 무슨 공개 사과야! 공개 싸움이지.

교사 '이게 무슨 공개 사과야!' 하고 버럭 화를 내는 건 좋았는데, 그 뒤 힘을 빼고 '공개 싸움이지~' 이러니까 엄청 친절해보여요.

아이들 (웃음)

교사 '공개 싸움이지ㅆ.' 거의 이런 느낌이야. 장재인 선생님은 공개 싸움인 게 맘에 들었어, 지금. (다 같이 웃음)

④ 몸짓

범도 저는 오늘 우성이 물을 몰래 마시려다가 불쌍해서 안 마시고 그 옆에 있는 윤성이 물을 마셨습니다.

교사 말할 때 우성이랑 윤성이 쪽으로 한 번씩 시선만 주거나 가리켜볼까요? 한 번 보고 나서 어떤 게 좋을지 정해보죠.

범도 (첫 번째는 시선만 주는 연기. 두 번째로 가리키는 동작을 넣어본다.)

교사 뭐가 더 편해요?

범도 그냥 비슷해요.

교사 그럼 시선 주고 가리키는 것까지 하죠. 단 삿대질 안 되게 조심하고(몸짓).

아이들 (웃음)

교사 아 참, 윤성이 물을 마셨다고 할 때 다른 동작도 넣어볼까요?

⑤ 상대방과 연기 주고받기

예현　앞으로는 놀림을 당하면 욕하지 않고, 똑같이 놀리겠습니다.

태형　음, 똑같이 놀리겠다!

희준　그게 거짓말이야?

태형　그것도 진짜 같은데?

재인　(아이들 술렁거리자) 다들 조용! 다음.

교사　여기서 여러분이 술렁거리려면, 그 전부터 예현이 말을 듣고 각자 속마음이 어떨지 고민해봐야 해요. 속마음이 자연스럽게 표정에 드러나야지, 갑자기 술렁거릴 수는 없으니까요. 그게 언제쯤일까?

아이들　예현이 말 끝나고? 희준이랑 태형이가 대화할 때?

교사　좋아요. 아무 말이나 주고받아 보세요.

아이들　("저게 사과냐…" 등의 대사를 주고받는다.)

교사　이때는 희준이나 태형이 대사가 묻히지 않게 작은 소리로 말해줍시다. 분위기를 만들어주는 거니까 대화 내용이 다 들리지 않아도 돼요.

은하　김하엘이 먼저 쳐서 저도 때렸습니다. 죄송합니다. 야! 너도 사과해야지!

하엘　뭔 소리야! (몸동작) 난 이렇게 했는데 넌 이렇게 세게 했잖아!

은하　(몸동작) 난 이렇게 한 건데 네가 움직여서 이렇게 맞은 거야!

하엘　(몸동작) 뭔 소리야! 네가 이렇게 하려고 해서 내가 이렇게 움직였는데 네 주먹이 이렇게 갑자기 날아왔잖아!

교사　극본에는 말이 끝까지 쓰여 있으니까, 충분히 듣고 나서 자기 대사를 말해야 할 것 같죠. 하지만 사실 겪어봐서 알죠? 다툴 때 보통 상대방 말을 안 들어요. 말이 끝나자마자 바로 자기 말로 치고 들어오지. 거의 잘라먹듯이 들어와도 돼요. 그래야 실감나요.

재인 이게 무슨 공개 사과야! 공개 싸움이지. 포옹할래, 화해할래? 대답해.

하엘 · 은하 (동시에) 화해할래요. / 포옹할래요.

교사 이럴 때, 속으로 '어라?' 싶었을 거야. 동시에 대답이 나올 걸 예상 못했고, 상대방의 대답도 예상 못 했죠? 그럼 뭔가 멈칫, 주춤, 이런 반응이 와야겠죠? 한번 해봅시다.

※ 배우들은 극본의 앞뒤를 다 알고 있으니까 동시에 답한다는 것도, 어떤 대답이 나온다는 것도 이미 알고 있지만, 연극 속 인물들은 뒤에 일어날 일을 당연히 모르고 있다. 모르는 상황에서 동시에 상반된 대답이 나왔다면 당황하는 쪽이 자연스럽다.

⑥ 극본을 유연하게 대하기

상대방의 대사와 어긋나지 않는 선에서 자기 대사는 얼마든지 고쳐도 된다. 실제로도 "대사 좀 바꿔도 되죠?" "여기 애드립(* 애드리브, 즉흥대사) 넣어도 돼요?" 등의 질문이 나왔다. 극본에 대해 아이들은 어른보다 더 유연하게 생각하고 있었다. 실제로 연습을 거쳐 공연 때는 대사가 조금 바뀌었다.

지문도 마찬가지다. "선생님이 조용! 이럴 때 진짜 선생님처럼 종 치는 거 어때요?", "무대 구석 말고 관객 쪽에 앉아 있다가 등장하고 싶어요." 등의 제안이 나왔다. 연극을 만드는 게 처음인데도 이런 제안을 한다는 사실이 대견했다. 연극은 혼자가 아니라 함께 만들어가는 과정임을 새삼 느꼈다.

표정, 말투, 동작 등을 맞춰보고 극본에 표시되지 않은 지문을 새로 적어넣기도 했다. 특히 상대방의 대사를 들을 때 나는 어떤 감정일지, 그 감정을 어떤 표정과 몸짓으로 표현할지 기록했다. 대사보다 대사 이면에

숨어 있는 것을 살피면 입체적인 연기를 할 수 있고, 상황과 맥락을 감지하는 안목을 길러준다.

> **재인** 1번. 우와! 저 사람 강하다! 2번. 우와! 저 사람, 뻔뻔하다!
> **(수정)** 1번. 우와! DC보다 마블보다 정말 멋지다. 2번. 우와! 저 사람, 뻔뻔하다! 저 사람은 똥통에 빠질 것 같애!

> **범도** 저는 오늘 우성이 물을 몰래 마시려다가 가난하고(*추가한 말) 불쌍해보여서 그냥 안 마시고 그 옆에 있는 윤성이 물을 마셨습니다.
> **우성** 난 왜 불쌍한 거냐! 그것도 기분 나빠!
> **(1차 수정)** (한심하다는 듯이) 내가 왜 불쌍한데, 난 불쌍할 사람이 아니라고.
> **(2차 수정)** (동전을 짤랑거리며) 동전 소리 들리냐? 내가 너보다 더 부자다.

4. 연결 연습(15분)

연결 연습을 하며 극의 흐름 및 장면 등·퇴장을 파악했다. 이때 중요한 것은 고칠 점이 보여도 도중에 끊지 않는 것이다. 연기하면서 아이들 스스로가 전체 극 흐름을 파악하기 위해서다. 실수를 하더라도 일단 지켜보고, 아이들 스스로 수습하게 한다. 처음부터 끝까지 본 다음 한꺼번에 피드백을 준다. 다행히 시간이 허락되어 고칠 부분도 따로 맞춰보고 마칠 수 있었다.

교사의 피드백

① 등장과 퇴장

배우들이 등·퇴장 위치를 몰라서 우왕좌왕한다.

> **교사** 자기가 등장하기 좋은 위치를 생각해야 해요. 선생님은 처음부터 무대 중앙에 있으면 되고, 1~3장에 나오는 학생들은 무대 왼쪽에(배우 기준), 4~6장에 나오는 학생들은 무대 오른쪽에 앉아주세요.

5~6장 사이: 새로운 아이들의 등·퇴장이 없는 부분이라 관객 입장에서 장면이 전환되었는지 잘 모를 수 있다.

> **교사** 5장은 상상이고, 6장에서 다시 현실로 돌아오잖아요. 이때 배우들이 어떻게 표현하면 좋을까요?
>
> **아이들** 코끼리코를 돌아요. 선생님 역할하는 애가 (정신 차리라는 의미로) 자기 뺨을 찰싹 때려요.
>
> **교사** 한번 해봅시다. 참, 음향 팀은 여기 어울리는 효과음을 생각해주세요.

② 위치

〈1장〉
선생님과 아이들이 나란히 서서 대사를 한다.

> **교사** 누가 선생님인지 딱 보기에도 확실해야 해요. 우성이랑 윤성이는 장재인 선생님보다 한 발짝 뒤로 가세요.

〈3장〉

범도가 교탁 앞으로 나오지 않은 채 춤을 춰서 교탁에 다리가 가린다.

교사 범도는 춤출 때 바깥으로 나와서 해주세요. 잘 보여야 하는데 교탁 때문에 가려요.

③ 기타

〈4장〉

은하와 하엘, 극본을 손에 들고 연기하다 보니 동작이 자유롭지 못하다.

교사 은하랑 하엘이는 대사가 많은 편이니까 일단 외워 오세요. 그래야 동작을 더 자세히 맞출 수 있어요.

5. 마무리 및 차시 예고

음향 팀과 포스터 팀의 진행 상황을 최종 확인했다. 두 팀 다 맡은 일부터 해내느라 홍보 일까지는 손을 대지 못했다. 교실을 정리하고, 배우들에게는 '오늘 연습한 대사 외워오기'를 과제로 내주었다.

6차시
총연습하기

1. 자투리 시간에 한 일

- 아침자습 시간에 극본 없이 대사를 말해보라고 했다. 완벽하지는 않아도 흐름을 놓치지 않고 대사를 이어갔고, 끊기는 대목이 하나도 없었다. 미리 연습했냐는 질문에 2명만 뿌듯한 표정으로 그렇다고 말했다. 어제의 반복 연습이 효과가 있었던 것인지, 아니면 아이들이 정확한 암기에 연연하지 않고 적당히(?) 지어내는 능력이 탁월한 것인지, 극본이 아이들에게 맞게 잘 써진 것인지. 어쨌든 다행이다. 계획대로 한 시간만 맞춰보기로 했다.
- 아침에 포스터 팀에게 파일을 넘겨받아 대형플로터로 인쇄했다. 점심시간에 '홍보하러 갈 사람'을 모집했더니 배우와 스태프 가리지 않고 우르르 모였다. 관객이 되어줄 반에 찾아가서 포스터를 붙였다.

2. 마지막 연습이다!–총연습(40분)

총연습은 모두 2번으로 계획하고, 무대인사까지 점검했다.

(1) 극본을 손에서 놓고 전체 장면 돌리기

총연습 단계에서는 극본을 손에서 놓고 연기하게 했다. 선생님 역할 배우가 간혹 실수를 했다. 자기 대사는 아는데 타이밍을 잘못 기억해 상대방이 대사를 시작하기도 전에 끊고 먼저 들어왔다. 대사를 외울 때 자기 대사를 외우면 다 된 거라고 여기기 때문에 생기는 현상이다. 앞뒤에 있는 상대방 대사까지도 기억해야 한다.

(2) 음향 맞추기

음향 팀과 호흡을 맞춰보았다. 장면과 장면 사이는 1명이 우드블록을 두드리고, 선생님이 바라는 장면을 묘사한 5장에는 3명의 실로폰 연주가 들어갔다. 6장으로 넘어갈 때도 실로폰으로 효과음을 주었다.

(3) 4장 중심으로 움직임 복습

4장 아이들이 대사를 외워온 덕에 움직임을 다루는 것이 더 수월해졌다. 4장은 움직임이 많아서 별도로 10분을 할애했다. 포스터 팀은 홍보까지 마쳤기 때문에 총연습을 참관했다.

(4) 교사의 피드백

① 감정

(하엘과 은하, 서로의 잘못을 고발할 때)

교사 지금 서로 네 잘못이라고 맞서는 장면이잖아요. 하엘이는 막 화가 났는데, 그에 비해 은하가 화를 안 내니까 어색해요. 지지 말고 맞받아쳐야 해요. '내가 쟤보다 더 세다!' 이 마음가짐으로 연기해야 해요.

② 호흡

(화난 감정을 표현할 때 1)

교사 일반적으로 화가 나면 흥분이 돼서 호흡이 거칠어져요. (씩씩거리며)
     와, 진짜 와…어이가 없네. (계속 씩씩댄다. 머리도 넘긴다.) 이런 느낌
     으로.

③ 몸짓

(화난 감정을 표현할 때 2)

교사 이때 다리를 까딱이면 안 돼요. 왜냐하면 몸 위쪽은 화나 있는 것 같지
     만 다리가 까딱거리고 있으면 '아, 쟤 지금 한가하구나. 시간이 남아도
     는구나.' 이렇게 생각할 수 있기 때문에 (구경하던 아이들 웃음) 절대로
     다리를 까딱이면 안 되고, 이렇게 딱 버티고 있어야 해요. 삐뚜름하게
     있는 건 괜찮아요. 그런데 흔들거리면 안 돼요.

하엘 앞으로는 지난날의 원한을 친절하게 설명하고 나서,
     (양손으로 교탁을 탁 치며) 때리겠습니다.
은하 앞으로는 말로 경고를 하고, 그래도 안 되면 때리겠습니다.
교사 하엘이가 교탁을 탁 치면서 '때리겠습니다' 하니까, 은하도 몸짓에 힘
     을 실어야 해요. 그래야 서로 버티는 느낌이 들어요. '그래도 안 되면
     (왼손으로 오른쪽 팔뚝을 힘 있게 탁 잡고) 때리겠습니다.' 이런 식으
     로요.

④ 움직임

하엘 (은하가 다가오자 멀어지며) 포옹은 절대 안 해. 차라리 화해를 하겠어.

은하 (하엘이 멀어지자 다가가며) 화해는 절대 안 해. 차라리 포옹을 하겠어.

교사 하엘이가 은하를 피할 때 교실 구석으로 빠지잖아요. 뒷걸음질하는 건 좋은데 결국은 교탁 쪽으로 피해야 두 사람이 쫓고 쫓기면서도 가운데에서 계속 연기할 수 있겠죠?

〈수정 전〉 교실 구석으로 피하니까 하엘이 힘에서 밀리는 느낌. 쫓고 쫓기는 느낌이 아니다.

〈수정 후〉 교탁 주변을 빙빙 돌며 피한다. 가운데 구역을 지키면서도 쫓고 쫓기는 느낌을 살릴 수 있다.

7차시
공연 및 소감 나누기

1. 공연하기(20분)—오늘은 공연날!

"선생님! 다음 주 금요일이 아니고 이번 주 금요일이에요?" 알면서도 이렇게 물어보던 바로 그 금요일이 되었다. 음악 수업을 마치고 자투리 시간이 10여 분 남았을 때 아이들이 총연습을 한 번 더 하자고 했다. 지난 목요일 연습으로 충분하다고 생각했는데, 아이들 입장에서는 공연 당일 아무것도 안 하니까 좀이 쑤셨던 모양이다.

무대는 교탁에 양 옆으로 의자를 2개씩만 놓으면 되기 때문에 관객이 있는 교실로 우리가 가는 것, 즉 '찾아가는 공연'을 장점으로 살리고자 했다. 공연 시작 5분 전, 공연 장소인 다른 반 교실로 이동했다. 우리 반은 긴장과 흥분, 설렘으로 한껏 달아올랐다.

마침 찾아간 반은 연극제를 앞두고 교실에서 쓸 수 있는 조명 장비를 보유하고 있었다. 조명을 설치하고 1시 10분에 공연을 시작했다.

배우들은 무대의 왼쪽과 오른쪽에 앉아 있다가 자기 차례에 등장하기로 했다.

재미있는 실수! 원래 대사 대신 이름이 비슷한 그 반 아이 이름을 말했다. 이때 관객들이 제일 많이 웃었다. 연극이 주는 현장성의 재미이다.

연극의 3요소는 배우, 무대, 그리고 관객이다! 관객의 대답, 웃음과 박수가 배우들에게 큰 힘이 되었다.

2. 소감 나누기(20분)

"아, 어떡해!" "재미있었어요." "또 해요."

공연을 마치고 복도를 지나 교실로 돌아오면서, 아이들은 공연 전과 또 다른 새로운 흥분에 휩싸였다.

다함께 건배! 요구르트를 마시며 한 편의 연극을 만든 것을 축하하고 격려하는 시간을 마련하였다. 그리고 나니 시간이 10여 분밖에 남지 않아 소감문 작성은 과제로 내주었다. 제목은 '연극이 끝나고 느낀 점과 새롭게 알게 된 점'이었다.

우리 반은 지난 금요일 5교시에 6반에 가서 '공개 사과'를 주제로 연극을 했다. 나는 선생님을 하고 싶었는데 오디션에서 탈락해서 다른 역할을 맡았다. 그래도 역할은 마음에 들었다. 금요일에 연극을 하는 게 조금 이른 것 같지만 성공하고 나니 기분이 좋았다. 연극의 즐거움을 알게 되었다. 공개 사과를 주제로 사과는 마음을 담아서 하는 것이라는 교훈과 코믹을 섞은 연극이어서 첫 연극으로는 좋았던 것 같다. 무엇보다 6반 아이들이 즐거워해줘서 즐겁게 연기할 수 있었다. 이번 연극을 통해 나는 큰 것을 깨달았다. 연극은 관객과 배우 둘 다 즐거워야 성공한다는 것을. 이번 연극을 계기로 연극이라는 새로운 취미가 생겼다. 나는 미래에 취미로 연극하는 증강현실전문가가 될 것이다. 빨리 다음주가 왔으면 좋겠다. 다음주에는 6반이 연극을 하는데 우리 반이 관객이 된다. 6반 연극을 보고 나면 취미로 연극 보는 증강현실전문가가 꿈이 될지도 모르겠다.

연극 수업을 진행하며 나는 여러 가지 바람을 담았다. 무엇보다 아이들에게 재미와 의미가 있는 연극이기를 바랐다. 배우와 스태프를 가리지 않는 모두의 노고와 협동으로 한 편의 연극이 만들어진다는 것을, 그리고 관객의 소중함을 알기를 바랐고, 일상을 다룬 연극을 통해 새로운 눈으로 일상을 발견하기를 바랐다.

아이들 대부분이 '재미있었다. 다음에도 또 하고 싶다.'라고 밝혀서 기뻤다. 소감문을 추리며 연극 수업의 의미를 찬찬히 돌아보았다.

배우와 스태프의 노고에 대해서 아이들은 '모두 수고했다. 내 생각과 다르게 얼마나 바쁘고 오래 걸리는지 알게 됐다. 많은 연습이 필요하다는 걸 알게 되었다. 연극은 모든 작업이 힘들고 어렵다. TV에서 저 사람 연기 못한다고 했었는데 보기보다 쉽지 않았다.' 등으로 답하였다. 또, 연극 만들기를 몸소 경험했으니 앞으로 연극을 비롯한 극예술을 보다 성숙한 시선으로 바라보게 될 것이다.

특히 스태프들은 '배우들이 그 많은 대사를 외우다니 신기했다. 긴장되고 많이 떨렸을 것 같다. 나 같으면 다 외우지 못했을 것이다. 배우들이 대단하다.'라고 했다. 정작 배우들은 대사 외우기가 힘들었다는 말이 나오지 않았다는 점을 생각하면 흥미로운 반응이었다(오히려 대사가 적어서 아쉽다는 배우는 있었지만). 다음번에는 배우를 해보고 싶다는 스태프도 생겼다. 한편으로 자기 수고를 알아주지 않는 아이 때문에 서운했다는 스

소감 나누기

태프도 있어서 앞으로 스태프의 소중함을 더 강조해야겠다는 생각이 들었다.

관객에 대해서 아이들은 '(딴짓할 것 같았는데) 반응이 좋아서 기분이 좋았다. 관객이 즐거워서 즐겁게 연기할 수 있었다. 박수쳐준 것이 너무 감사했다.'라고 밝혔다. 관객은 박수 치는 존재, 돈을 내주는 존재라고 답하던 첫 시간과 비교해보면 값진 변화였다.

'일상의 재발견'은 소감문에 나오지 않았지만, 공연 후에 아이들의 대화에서 그 성과를 확인할 수 있었다. 수시로 이런 의견이 나왔다. "선생님, 우리 방금 나온 말 연극으로 만들어요. 제목은 '아무 말 대잔치'요." "선생님, 제가 꿈을 꿨는데요, 이러이러한 내용인데요, 우리 반 ○○가 나와서 '거기서 네가 왜 나오냐!' 했어요. 이거 연극으로 만들면 좋겠어요." 이렇게 나의 경험, 우리의 경험에서 연극 소재를 발견하려는 경향을 엿볼 수 있었다. 수업 시작 전 아이들이 짰던 줄거리에서 한 발 더 나아간 의미 있는 변화였다.

그 외에도 수업자의 의도를 넘어서서(?) '사과는 진심을 담아야 한다.'라는 교훈을 얻은 아이도 있었다. '연극은 팀워크'라고 적은 아이도 있었는데, 경험에서 우러나왔기에 가치 있다고 생각한다. 연극을 해보지 않고 '연극은 [   ]이다.'를 논하는 것과는 분명 달랐을 것이다.

연극은
어렵지 않다

　미완성 극본을 만든 배경에는 물론 교육적인 취지도 있다. 하지만 그 이면에는 수업자의 성향도 작용했다. 전반적인 계획과 연습 일정, 배우수 및 배역 선정, 스태프 작업(무대·소품·조명·음향·포스터 등)은 극본이 있을 때 윤곽이 뚜렷해진다. 개인적으로 아이들은 연기에 집중하고, 나머지 영역은 교사가 주도하는 쪽이 편했다. 이렇게 해도 배우들은 무대에 서기 위해 노력하는 과정에서 충분히 성취감을 느꼈고, 관객 반응도 좋았다.

　한편으로는 누구나 할 수 있는 연극, 아이들이 스스로 만들어가는 연극, 다른 교사들도 어렵지 않게 시도할 만한 연극을 해보고 싶었다. 그렇게 해서 다른 학교에서도 연극을 하는 아이와 교사들이 더욱 많아지면 좋겠다는 바람이 커졌다. 연극을 통해 배우는 것이 분명히 있으니까.

　변화를 시도하다가 주춤한 적도 있다. 연극부를 운영할 때 동화 각색,

무대 디자인 등 연기 외적인 요소까지 아이들과 함께하려는 계획을 세운 적이 있다. 의미 있는 시도였지만 평소처럼 나 혼자 해치우고픈 마음이 슬쩍슬쩍 들기도 했었다.

결과적으로, 내 성향과 바람이 결합되어 미완성 극본이 만들어졌다. 미완성 극본을 쓰면서 공연 시간이 얼마나 걸릴지, 몇 명이 참여하면 될지, 얼마나 연습하면 공연을 올릴 수 있을지 등의 윤곽을 잡았다. 그러면서도 아이들이 더 적극적으로 참여하는 연극을 만들고 싶었던 바람이 어느 정도 채워졌다. 아이들의 생각이 반영된 극본, 더 연기하기 쉬운 극본이 만들어졌고, 그래서 아이들이 실수해도 흔들리지 않고 여유를 가질 수 있었다. 나로서는 아이들과 함께 만드는 교실 연극을 향해 한 발짝 더 나아간 셈이다.

새로운 도전을 기대하며

앞으로 해보고 싶은 일이 세 가지 있다.

첫째, 창작동화·그림책 각색이다. 보물창고와 같은 책 속에서 새로운 이야기를 찾아 나서고 싶다. 동화와 그림책이 연극으로 재탄생한다면 정말 근사할 것이다.

둘째, 상상의 세계를 담은 미완성 극본을 만들어보고 싶다. 일상과 상상의 경계가 따로 있다고 생각하지는 않지만, 이른바 '판타지'를 통해 아이들의 상상력과 표현력을 더 살려보고 싶다.

셋째, 이미지가 풍부한 연극을 시도하고 싶다. 〈공개 사과〉를 비롯해서 그간 공연한 연극이 대사 위주였기 때문에 다른 스타일도 도전해보고

싶다. 예를 들어, 다양한 천이나 막대로 다양한 배경과 사물을 표현하고,

이것을 이어서 줄거리를 만드는 방식이다(그 전에 물건 가지고 장난하지 말라고

외치는 게 먼저겠지만).

나에게 연극이란 '또 가고 싶은 여행'이다. 학기말을 인상 깊게 마무리

하고, 우리 반 아이들과 연극을 함께 누릴 수 있어서 행복한 시간이었다.

해보고 싶었던 세 가지 일 중 하나로 창작동화 한 편을 각색했습니다. 수업에 활용할 수 있는 극본이 매우 적고, 특히 옛이야기 · 고전동화에 비해 창작동화 · 그림책을 각색한 사례가 부족하기 때문입니다.

극본을 창작하는 순간, 그리고 '책 속 이야기를 연극으로 각색할 수 있을까?' 하고 책을 펼치는 순간이 참 행복합니다. 앞으로 교실 무대에 올릴 만한 극본이 더 넉넉해지기를 바랍니다.

※ 이 극본은 원작자의 동의를 구하여 각색한 것으로, 교육적 목적이라 할지라도 무단복사 · 공유 · 배포할 경우 원 저작권에 위배됩니다. 부디 저작권을 침범하지 않는 범주 내에서 사용해주십시오.

• 원작 : 『딱 10분만!(허윤 지음)』, 도서출판 북멘토
• 공연 시간 : 15분 내외
• 인원수 : 10~24명

1. 이 작품을 고른 이유

'필요할 때 시간을 딱 10분만 더 쓸 수 있다면?'에서 출발하는 일상 속 판타지가 아이들의 흥미를 자극할 거라는 기대로 『딱 10분만!』을 각색하게 되었다. 특별한 무대나 장치 없이도 원작과 연극의 매력을 아주 충분히 살릴 수 있다는 점, 등장인물 수를 학급 규모에 맞게 넉넉히 조정할 수 있다는 점도 만족스러웠다.

주인공 무원이는 게임을 더 하거나 아침잠을 더 자려고 시간을 쓰지

만, 차츰 친구를 위해 그리고 '너와 내가 함께하는 시간'을 위해 10분을 사용하게 된다. 즐겁고 유쾌한 내용 가운데 진정으로 가치 있는 시간이 무엇인지 자연스럽게 생각해보았으면 한다.

2. 수업 활용법

- 극본을 읽고 감상하는 활동에 활용할 수 있다.
- '극본의 특징 알아보기'를 목표로 동화와 극본을 비교할 수 있다. 동화에서 인물의 말과 행동, 배경(시간·장소)이 극본의 대사, 지문, 해설에 어떻게 반영되었는지 분석하면 극본의 특징을 더 깊이 있게 파악하는 데 도움이 될 것이다.
- 극본의 일부 혹은 전체를 활용하여 연극을 공연할 수 있다. 전체를 교실 무대에 올리려면 대사 외우기를 전제로 10~14차시가 필요하므로 다른 교과와 연계하여 넉넉하게 구성하자. 일부만 공연하거나 낭독극 형식으로 간소하게 계획한다면 7~9차시로도 가능하다.

3. 연극 만들기

(1) 준비물

① 무대

교실 의자 4~5개로 집, 교실, 병원, 교문 앞을 나타낸다. 여기에 다양한 아이디어를 추가할 수 있다. 이를테면 '거실 소파'를 나타낼 때 쿠션

한두 개를 놓거나, '교문'을 나타낼 때 의자를 뒤로 돌려 잇대면 준비된 배경 그림이 나오는 식이다. 무대와 객석을 다음 그림과 같이 배치하면, 배우 대기 공간이 구분되고 등·퇴장에 교실 앞·뒷문을 모두 사용할 수 있어서 편리하다.

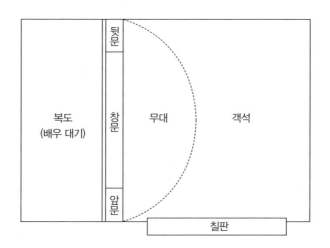

② 의상·소품

뻐꾸기는 챙이 달린 모자와 망토를 착용하고, 어른 배역(간호사, 선생님, 엄마, 성훈이 아빠)은 그 배역을 잘 나타낼 수 있는 소품(모자, 교과서와 지시봉, 앞치마, 넥타이 등)으로 표현한다. 나머지 배역은 평소 입고 있는 옷으로 충분하다. 그밖에 필요한 소품은 휴대전화와 이불, 책가방, 화장실 표지판이다.

③ 음향

바깥 소음, 차 멈추는 소리, 종소리 효과음 등은 인터넷 검색으로 쉽게 구할 수 있다. 배우들이 입으로 직접 소리를 내도 잘 어울린다.

	상황	음향	비고
1장	밖으로 나온 무원	바깥 소음	
	학원 차 도착	차 멈추는 소리	입으로 소리 내도 됨('끼익')
2장	(없음)		
3장	수업이 끝났을 때	종소리	입으로 소리 내도 됨 (해설이 맡음)
	화장실에 가고 싶은 무원	위급한 분위기	멜로디언 등으로 간단한 연주 입으로 소리 내도 됨 (해설이 맡음)
4장	병원	바깥 소음	
5장	무원과 성훈이 신나게 놀 때	분위기에 어울리는 음악	
6장	뻐꾸기의 말을 들은 무원의 결심	마무리 음악	

(2) 배역 나누기

① 1인 다역

한 명이 두 가지 이상의 배역을 맡을 수 있다. 예를 들어, 선생님은 3장에서만 나오기 때문에, 4장의 간호사를 맡아도 무방하다. 또한 5, 6장의 아이들은 아주 잠깐 나오기 때문에 해설이 아이들 역을 겸해도 된다. 작품 전체를 통틀어 2~3명이 해설 역을 도맡고 1인 다역을 적극 활용하면, 총 10~15명의 배우로도 공연을 할 수 있다.

② 다인 1역

한 배역을 번갈아 가며 여러 명이 맡을 수 있다. 예를 들어, 무원을 1
장 / 2~3장 / 4~5장 / 6장으로 끊어서 4명이 맡고, 관객이 헷갈리지 않
도록 의상 색깔이나 스타일 등을 통일한다. 모자에 '무원'이라고 적힌 명
찰을 달고, 그 모자를 쓴 사람이 무원이라는 약속을 해도 좋다. 한 배역
을 여러 명이 맡는다고 가정하여 학급 인원에 맞게 구성할 수 있다.

무원	뻐꾸기	해설	엄마	선생님	아이들	성훈	(성훈의) 아빠	간호사	합계
2~4명	1~2명	6~9명	1~2명	1명	2~3명	1명	1명	1명	16~24명

※ 해설은 1장 / 2~3장 / 4~5장으로 구분하여 2~3명씩 배분함(6장에서는 등장 안 함)

③ 기타

• 해설은 무원의 속마음을 대변한다. 상황을 간단히 알리기도 한다.
  유일하게 극본을 보고 공연하는 것이 허용되는 배역이며, 음향 효과
  도 겸할 수 있다.

• 〈딱 10분만!〉의 장면ㆍ인물표를 만들어보았다. 장면마다 어떤 인물
  이 얼마나 나오는지 한눈에 파악할 때와 배역 수를 조정할 때 도움
  이 될 것이다.

  ※ 해당 장면에서 그 인물의 대사가 몇 차례 나오는지 표시했다. 문장의 수나 길이에
    따른 분량과는 차이가 날 수 있다.

인물 \ 장면	1장 시간 충전!	2장 이제, 두 번째	3장 이미 셋, 넷!	4장 남은 기회는 둘, 하나	5장 마지막 10분	6장 한밤중, 집	합계
무원	13	3	7	4	11	11	48
뻐꾸기	6	(대사 없음)				5	11
해설	13	4	9	4	10		39
엄마	1	3	1		2	1	8
선생님			9			1	10
아이들			8		4	1	13
성훈				4	9	1	14
(성훈) 아빠				2	4		6
간호사				3			3
장면에 나오는 최소 인원	4명	4명	5명	5명	6명	6명	

[극본]

딱 10분만!

- 등장인물 : 무원(남), 뻐꾸기(남녀 공통), 해설 1, 2(남녀 공통, 3명도 가능), 엄마(여), 선생님(남녀 공통), 아이 1, 2, 3(남녀 공통), 성훈(남), 성훈의 아빠(남), 간호사
- 무대: 의자 4~5개
- 무원, 엄마, 성훈의 성별을 바꿀 수 있다. 성별에 맞게 이름을 바꿔준다.

첫째 날

1장 시간 충전!

(오후, 집 안 거실 무대 의자들이 ⌐ 모양으로 놓여 있음(거실 소파를 의미함). 뻐꾸기가 평범한 시계인 척 앉아 있다. 한쪽에 벗어놓은 신발이 보인다. 무원, 휴대전화로 신나게 게임을 하고 있다.)

해설 1 그날따라 뭔가 이상했어.
무원   (게임 중) 아싸, 3단계!

(입으로 소리 내기. 휴대전화 진동음. 엄마에게 문자가 왔다.)
엄마   할아버지 입원하셔서 병원 가니까 시간 맞춰서 학원 가.

(힘주어) 게임하다 늦지 말고!!!

무원   (예의 바르게) 네~. (휴대전화 콕 누르고, 표정 돌변. 씩 웃으며) 게임
　　　해야지. (게임에 푹 빠져서) 아싸, 4단계!

(뻐꾸기가 4시를 알린다. 입으로 소리 내기, '뻐꾹, 뻐꾹')

무원   으아, 벌써! (굉장히 이상하다는 듯이) 어?

(무원과 뻐꾸기, 정지)

해설1   역시, 뭔가 이상했어. 맞혀봐. (한 손을 들어 보인다. 관객들의 대
　　　답 듣고)
해설2   사실은, 저 뻐꾸기. 늘 10분 전에 나오거든, 고장 나서.
　　　그러니까 3시 50분에 나오던 뻐꾸기가 갑자기 정확하게!
　　　4시에 나온 거지. 그리고!

(무원과 뻐꾸기, 정지 상태 풀림. 뻐꾸기, 들어가지 않고 가만히 서 있다.)

무원   뭐야. (뻐꾸기 머리에 손을 갖다 대며) 왜 안 들어가? (밀어 넣으려
　　　한다.)
뻐꾸기 (밀리지 않고) 흠, 흠. 안녕?

(무원과 뻐꾸기, 다시 정지)

해설 1 동화나 만화에서

해설 2 (강아지 흉내) 안녕~? 왈!

해설 1 강, 강아지가 말을 하잖아!

해설 2 (고양이 흉내) 안냐옹.

해설 1 고, 고양이가 말을 하잖아!

해설 2 (팔짱. 한심하다는 듯이) 맨날 그런 말만 하더라. 좀 색다른 대
       사 없어?

무원   (다시 움직임. 기겁. 큰소리로) 뻐, 뻐꾸기가 말을 하잖아!!!

해설 1 흠흠, 너희도 겪어보면 알게 돼. 저절로 그런 말이 나오
       더라.

(뻐꾸기도 다시 움직이고)

뻐꾸기 너와 만날 날을 기다렸어.

무원   (당황) 뭐, 뭐라는 거야, 이 뻐꾸기.

뻐꾸기 그동안 시간을 10분씩 저축해왔으니까 이젠 마음껏 쓰게
       해줄게. (무원의 곁을 맴돌며) 기회는 여섯 번! 한 번에 10분
       씩! 오직 널 위한 시간이지.

무원   에게, 10분? 그것도 겨우 여섯 번?

뻐꾸기 필요할 때 언제든 "10분만!" 하고 외쳐. 바로 충전될 거야.

무원   한꺼번에 왕창 1시간을 주든가. 10분 동안 뭘 마음껏 하라
       는 거야?

뻐꾸기 10분이 뭐 어때서?

무원   잠깐만, 근데 내가 언제 10분씩 저축을….

뻐꾸기 난 이만!

(뻐꾸기 퇴장. 입으로 소리 내기, '똑딱똑딱' 시계 소리 나는 동안)

해설2 흠. 게임할 때도.

다 함께 (안달하며) 10분만!

해설2 잠잘 때도.

다 같이 (잠이 덜 깨서) 10분만!

해설2 10분이 부족하더니 그게 다… 저축하느라 그랬나?

무원 (큰 몸동작, 주문을 외우듯이) 10-분-만!

(조용해진다. 바뀐 게 없어 보인다.)

무원 똑같잖아. 그럼 그렇지. (다시 휴대전화로 눈길) 앗싸, 5단계! 조
       금만 더…. 아차, (가방을 급히 챙기며) 학원! (신발을 대충 꿰신고
       뛰어나간다. 퇴장.)

(학원 차를 타는 곳 무대 변화 없음. 의자 뒤쪽 공간에서 연기한다. 음향 바깥 소
음 등)

※ 참고: 인형극처럼 나타내도 되는 장면. 이 경우 종이 등으로 간단히 만든 무
       원이 인형과 학원 차 준비. 바깥 풍경은 생략 가능

무원 (헉헉대며 등장) 아, 뭐야! 충전된 거 맞아? 학원 차! 벌써 간
       것 같은….

(말이 끝나기도 전에 학원 차가 온다. 음향 차 멈추는 소리. 입으로 '끼익' 소리 내도 됨.)

무원 …게 아니네. 충전된 건가? (사이) 설마. 우연이겠지.

(무원, 학원 차를 타고 떠난다.)

둘째 날

2장 이제, 두 번째

(아침, 집 안)

해설1 다음날 아침.

(무대 변화 없음. 이불을 덮은 무원, 자고 있다. 뻐꾸기는 7시 40분을 가리키고 있다.)

엄마 (등장하지 않음. 목소리만) 무원아! 일어나! 지금 안 일어나면 지
       각이다.
무원 (돌아누우며) 아, 딱 10분만! (이상할 정도로 잠잠하다.) 어? (반쯤 몸
       을 일으킨다.)

(뻐꾸기, 입으로 소리내기, '똑딱똑딱' 깔고)

해설 2   원래 우리 엄만.

엄마   (재빠르게 등장. 이불을 확 걷고 무원을 치며) 일어나! 일어나, 쫌!!
　　　　아유! (퇴장)

해설 1   이래야 하는데?

(계속해서 똑딱똑딱)

해설 2   아~까도 7시 40분, 지금도 7시 40분… (놀라움) 충전이다.
　　　　충전된 거야!

(무원, 다시 자보려고 하지만 "우와, 우왜!" 눈만 말똥말똥하다. 시계 소리 사라지면)

엄마   (등장. 기쁜 표정) 이야, 우리 아들 한 번밖에 안 깨웠는데, 벌써
　　　　일어난 거야? (무원의 등을 토닥이며) 철들었네. (퇴장)

무원   (뻐꾸기를 향해) 뻐꾸기야, 고마워!

(뻐꾸기, 무원을 향해 엄지 척. 퇴장)

무원   (이불 정리) 그리고 보니 벌써 두 번이나 써 버렸네. 아깝다.

3장 이미 셋, 넷!

(5교시, 교실 무대 아이들 등장 . 의자들을 ⌐⌐ 모양으로 옮긴다. 원근감이 있
다면 다른 모양도 무방함)

선생님　이번 시간에는 ○○○을 알아보겠습니다. 어쩌고저쩌
　　　　고….

해설 1　수업시간의 10분이란….

해설 2　시 ~입 ~분.

아이들　(하품)

선생님　자, 자! (양팔을 쭉 펴며) 모두들 기지개~.

아이들　(기지개) 으아~!

무원　선생님, 옛날이야기 해주세요. 네?

아이 1　맞아요. 졸려 죽겠어요.

선생님　(거절할 것처럼) 갑자기 무슨~.

무원　따악 10분만요! (말 끝나고 나서 '아차' 하는 표정, 입 막고)

선생님　흐음… 좋아. 너희들 잠 깨라고 얘기해주는 거다!

아이들　와~!

해설 1　이제 세 번 남았나? (한숨) 가만히 있을걸.

선생님　옛날 옛날에…. (이야기를 들려주듯이 몸짓)

해설 2　10분이 지나고, 끝나는 종이 울리고 나서도, 이야기는 계
　　　　속됐어.

(음향 종소리. 해설이 입으로 소리 내도 됨.)

선생님　(종소리에 아랑곳하지 않고) 그런데… 그래서….

해설 1　에잇! 10분은 나한테만 쓰는 시간인데. 이게 뭐야.

선생님　그러나… 마지막엔…. (몸짓 계속)

해설 2　(애원하듯이) 뻐꾸기야… (괜히 탓하듯이) 선생님!

(무원, 오줌이 마려운 상태 음향 위급한 분위기, 멜로디언 등으로 간단한 멜로디를 연주하거나 해설이 입으로 소리 내도 됨.)

해설 1 어떡하지? 오줌 나올 것 같은데….
선생님 벌써 시간이 이렇게 됐어? 자, 국어책 펴.
아이 2 선생님 쉬는 시간은요?
선생님 쉬었잖아, 옛날이야기 들으면서.
아이 3 아….
무원 (가까스로) 저… 화장실이요! (일어나서 두어 걸음 더 못 가고 다리를 배배 꼰다.)

(음향 점점 더 위급한 분위기)

무원 (참다못해) 10분만!

(해설 1이 화장실 표지판을 든다. 무원, 그리로 "으으으!" 겨우겨우 향한다.)

해설 2 (관객을 향해, 보지 말라는 듯이) 으악! 잠깐만!

(해설 2가 무원을 살포시 가려준다. 더 여럿이 모여 몸으로 화장실을 표현해도 좋다. 음향 화장실에서 흘러나올 법한 은은한 멜로디, 쏴아아~ 물 내리는 소리 등을 내준다.)

무원 (화장실에서 나오며) 휴! 살았다.

(깊은 한숨) 이러다가 오늘 안에 다 써버리겠어.

(무대 아이들, 의자를 옮겨 —— 모양으로 만드는 동안)

해설 1 다행히 그 뒤로는 10분을 안 쓰고, 무사히 학교를 마쳤어.
아이 3 차렷. 인사.
아이들 안녕히 계세요.

(선생님과 아이들 퇴장. 무원만 남아 있다.)

무원 그래도 아직 두 번 남았으니까.

(입으로 소리 내기. 휴대전화 진동음. 엄마다.)

엄마 수업 끝났지? 할아버지께 가자. 며칠 더 병원에 계셔야 한대.
무원 ('학원 빠진다!' 신나게 퇴장하며) 앗싸, 병원! 앗싸, 학원!

4장 남은 기회는 둘, 하나

(병원 음향 병원 복도 소음 또는 바깥 소음 무대 변화 없음. 앞 장면에서 만들어
진 긴 의자에 무원이 비스듬히 앉아 있다.)

해설 1 학원 빼먹은 건 좋았는데, 엄마는 할아버지 돌보시느라 바
　　　　　쁘고, 난 딱히 할 게 없어서 복도로 나왔어.

무원   아… (긴 의자에 거의 누웠다가) 아, 맞다! (자세 고치며) 병원이지.

　　　(서성이며 의자 뒤쪽으로. 계단 난간을 잡듯이 의자 등받이에 손을 얹

　　　는다.)

해설 2   계단을 내려가려고 하는데, 아래층에 아는 얼굴이 보이는

　　　　거야. 우리 반 성훈이.

(의자 앞 넓은 구역으로 성훈과 성훈 아빠 등장, 간호사 나오는 동안)

무원   (글자를 읽는 시선과 몸짓. 그러다가 멈칫) 어!

해설 1   중환자실!

성훈   (간절하게) 아빠, 조금만 더 있다 가면 안 돼요?

아빠   면회 시간도 거의 끝났고, 엄마도 푹 쉬어야 빨리 깨어나지.

성훈   우리가 집에 간 사이에 깨어나면요?

간호사   (성훈 아빠에게) 환자분이 깨어나면 연락드릴게요.

아빠   자, 들었지?

성훈   분명히 움직였어… 엄마 손이….

간호사   면회 시간 끝났어요. 다음에 오세요.

성훈   (자기 손을 내밀어 보이며, 애원하듯이) 엄마 손이 움직이는 걸 봤

　　　다고요!

(아빠, 성훈이 내민 손을 붙잡는다. 이제 가자는 듯이 성훈을 다독인다. 성훈, 마

지못해 돌아설 때)

무원 (자기도 모르게) 아, 진짜, 딱 10분만 좀…!

(사이)

간호사 어? 제가 시간을 착각했나 봐요. 다시 들어가보세요.

무원 충전됐다.

(성훈, 기뻐하며 아빠와 함께 중환자실 쪽으로 퇴장. 간호사, 함께 퇴장)

해설 2 이제 남은 기회는 딱 한 번이야.

　　　　기분이 왜 이러지. 잘한 거긴 한데… 아깝기도 하고.

(무원과 해설, 골똘한 표정으로 갸웃거리며 퇴장)

셋째 날

5장 마지막 10분

(아침, 집 `무대` 변화 없음. 의자를 ── 모양 그대로 둬도 된다. 무원, 이불을 덮은 채 자고 있다.)

해설 1 그 다음날 아침.

해설 2 마지막 10분은 뭘 할까?

엄마 (등장하며) 무원아! 일어나!

무원 엄마, 딱 시…흡! (입 막고, 이불을 걷어차며 벌떡 일어난다.)

엄마 (눈이 휘둥그레지며) 이야, 해가 서쪽에서 뜨겠네! 진짜 철들었

　　　어, 우리 아들!

해설1 마지막 기회를 헛되게 날려버릴 순 없잖아.

(엄마 퇴장하고. 무원이 의자에 앉으면)

(교실, 아이들 등장. 의자를 그대로 둔 채 앉는다.)

아이3 차렷. 인사.

아이들 (앉은 채 인사) 열심히 공부하겠습니다. (공부한다.)

참고: 학교생활 속 다양한 상황에서, '10분만'을 외치려다 삼키는 순간을 끼워 넣

　　　어도 좋다.

해설2 용케 잘 버텼어. 학교가 끝날 때까지.

아이3 차렷. 인사.

아이들 (일어서서 인사) 안녕히 계세요.

(교문 앞 무대 의자 한두 개를 뺀 모양으로 표현할 수 있다. ＿＿」 ∟)

(교문으로 빠져나가는 아이들)

해설1 터벅터벅 교문으로 가는데

(한쪽에 앉아 있는 성훈)

무원 (다가가며) 야, 최성훈.

성훈 (물끄러미 무원을 본다.)

무원 나, 너 봤다. 병원에서.

성훈 언제?

무원 어제.

성훈 아는 척하지.

무원 아냐, 좀 심각해 보여서.

성훈 어디서 봤는데?

무원 (조심스럽게) 어, 그니까 중환자실.

성훈 이제 괜찮아. 엄마 깨어났어.

무원 (안도의 기쁨) 그래?

성훈 어. 면회 끝난 줄 알고 나왔는데, 간호사가 다시 들어가도 된대서 나랑 아빠랑 들어갔거든. 엄마 손을 잡고 있는데 그 때… (환한 표정) 엄마가 눈을 떴어.

(사이. 무원, 덩달아 환한 표정. 뿌듯함으로 벅차오르고)

무원 우와.

해설 2 잘한 게 맞았어, 잘한 일이었어. 아침에 10분을 더 잘 때보다, 게임을 10분 더 할 때보다 기분이 좋더라고.

무원 이제 병원 안 가도 되겠네?

성훈 아직은 가야 해. 이따가 아빠 오면, 엄마 보러 같이 가려고.

무원 좀만 놀자, 그럼.

(두 사람, 함께 논다. 몸으로 부대끼며 놀 때 생기는 친밀함이 느껴져야 한다. 영웅의 대결을 흉내 낸 놀이, 서로 밀고 당기는 놀이, 마임으로 공놀이 등 음향 분

위기에 어울리는 음악)

아빠 성훈아!

성훈 아빠, 가야 돼요?

해설1 그동안, 언제 마지막 10분을 쓸지 신경이 쓰였는데.

무원 아저씨! 조금만 더 놀면 안 돼요? 10분만요, 네?

해설2 별로 아깝지 않았어. 후련하더라.

아빠 (시계를 보더니) 그래. 딱 10분만이다!

(계속 논다. 해설 역할이 "찰칵!"을 두세 번 외친다. 그때마다 무원과 성훈은 정지. 신나게 노는 순간을 표현한다. 마지막으로 해설이 손뼉이나 악기 등으로 신호하면, 영화에 나오는 슬로모션처럼 "우워어어~" 느리게 움직이며)

해설1 10분이 아니라 한 시간은 논 것 같았어.

(무원과 성훈, 다시 제 속도로 움직인다. 실컷 놀았다는 듯이 숨을 몰아쉰다.)

아빠 이제 정말 가야겠다.

성훈 아빠! 내일 또 놀아도 되죠?

아빠 (엄지와 검지를 동그랗게 말며 OK 신호) 그런데 10분이 이렇게 길었나? 허허!

(인사 나누며 퇴장. 무원, "안녕히 가세요." 아빠, "그래, 고맙다." 성훈, "잘 가."
무대 의자를 옮겨 교문을 만든 경우 퇴장하면서 닫는다.

다시 ─── 모양 또는 ┌─── 모양이 된다.)

해설 2 '10분'이 사람이라면 와락 껴안고 뽀뽀해주고 싶더라. (퇴
        장. 음향 사라지면)

6장 한밤중, 집

(뻐꾸기, 조그맣게 '뻐꾹뻐꾹' 소리 내며 등장. 가만히 다가가 잠들어 있는 무원
을 깨운다.)

무원   어… 뻐꾸기야! 나 이제 시간 다 썼지?

뻐꾸기 흠, 흠. 저기 그게….

무원   10분이 생각보다 길더라. 고마웠어.

뻐꾸기 사실은 말이야… 네가 아니라 다른 사람이었어. 내가 그
        만 시간을 저축한 주인을 착각했지 뭐야.

무원   뭐라고?

뻐꾸기 네가 가져간 시간은 도로 갚아야 돼. (한숨) 미안해.

무원   그, 그런 게 어디 있어? 내 잘못은 아니잖아. 어떻게 갚으라
        는 거야?

뻐꾸기 내가 알아서 10분씩 가져가니까 네가 할 일은 없어. 어,
        그러니까, 아무리 서둘러도 10분씩 늦거나 눈 깜짝할 사
        이에 10분이 지나버릴 때가 있을 거야. 시간을 갚느라 그
        런 거니까 너무 놀라지 마.

무원   그럼 놀 땐 가져가지 마. 지루해서 죽겠을 때, 졸린데 참아
        야 할 때, 그럴 때만 가져가. 응?

뻐꾸기 안 돼. 네가 시간 가는 줄 모르고 무언가에 푹 빠져 있을 때만 가져갈 수 있어. 어휴, 어쩌다 이런 실수를 했는지…. 그럼 난 이만!

(무원이 뻐꾸기를 자꾸 부르지만, 뻐꾸기 퇴장)

무원 시간 가는 줄 모르고… 푹 빠져 있을 때? (관객에게) 그래서 내가 뭘 했게? (참고: 관객의 대답을 들어봐도 좋다.)

(음향 마무리 음악이 깔리기 시작한다.)

엄마 무원아, 숙제해야지.
무원 (숙제하는 동작, 능청스럽게) 숙제에 푹 빠졌어!
선생님 자, 공부합시다. (딱 들어도 지루한 설명을 늘어놓는 중)
무원 (눈이 감기려다가, 눈 반짝 뜨며 능청스럽게) 우와, 시간 가는 줄 모르겠네!
성훈 같이 놀자!
무원 (놀면서, 짐짓 지루하다는 듯이) 아우, 노는데 시간이 왜 이렇게 안 가?
다 함께 야, 같이 놀아!

(다 함께 '하나, 둘, 셋, 찰칵' 신나게 노는 자세로 정지하면)

무원 흥! 어디 한번 가져가 보라지. 내 시간은 절대 안 뺏길 거야.

절대로!

(마무리 음악, 커지다가 서서히 잦아든다. 배우들 무대 인사)

끝.

우리반
연극수업
어떻게 할까?

1판 1쇄 발행일 2019년 1월 21일

글쓴이 남상오, 오현아, 이동석 펴낸곳 (주)도서출판 북멘토 펴낸이 김태완

편집장 이미숙 편집 김정숙, 송예슬 교정교열 용진영 디자인 SU, 안상준 마케팅 이용구, 민지원

출판등록 제6-800호(2006. 6. 13.)

주소 03990 서울시 마포구 월드컵북로 6길 69(연남동 567-11) IK빌딩 3층

전화 02-332-4885 팩스 02-332-4875 이메일 bookmentorbooks@hanmail.net

ⓒ 남상오 · 오현아 · 이동석, 2019

ISBN 978-89-6319-290-1 03370

이 도서의 국립중앙도서관 출판시도서목록(CIP)은 서지정보유통지원시스템 홈페이지
(http://seoji.nl.go.kr)와 국가자료공동목록시스템(http://www.nl.go.kr/kolisnet)에
서 이용하실 수 있습니다.(CIP제어번호: CIP 2018042861)